學英國人過生活

一本深度瞭解英國人情世故的工具書

圖．文◎胡蕙寧

Contents > 目 錄

< 來 自 編 輯 >

英國人，原來如此！

　　印象中的英國人，就像是個矛盾的混合體。對於我這樣一個未曾踏上英國土地的台灣子民來說，英國一方面似乎是高雅時尚的代名詞，另一方面卻不時地在電影中看見破舊的都市、被壓榨勞工身影；一方面名流顯要們紛紛展示帶有英國腔的英語，彷彿它聽來學富五車而有教養，但卻似乎有更廣大的一群英國人，說著完全聽不懂在講啥的「英國腔」。小銀幕上的貝克漢天天擄獲全世界人們的目光，他卻往往說自己是「代表英格蘭出賽」，「英國」反倒成為一個虛無縹緲的名詞，不知存在何方。作者說得好，其他國家的人們往往以為英格蘭就代表英國，反倒忽略了英國是個「聯合王國」的事實。作者一點、一點兒地把遮蓋在英國臉上的面紗掀開，讓我們瞧個仔細：

　　原來英國人是不那麼求精求實；原來英國人是那麼愛好面子；原來英國的超重人口如此之多；原來英國人是如此愛好杯中物……。

　　作者為我們揭露了一個除了大笨鐘、黛安娜與伊莉莎白女王之外，真實存在的英國實況。那兒雖然沒那麼美好，但卻也不乏我們可資借鏡的實例：英國人口嚴重過胖，但他們找出許多富創意的解決方法；同樣面臨多種族的問題，甚至他們的首都，幾乎被外國人所「占據」，但他們選擇務實地面對一切。也許他們所堅持的面子與規矩，從另一個角度來說，也正是協助他們面對處理一切事務的潤滑劑。為了面子與規矩，他們寧願容忍異己，也不願意動了氣。真的化解不了，也許，一起上酒館喝個爛醉，就可以大事化小了也不一定。真解決不了，就幽自己一默吧！開開自己的玩笑，就一笑置之。幽默，可是台灣人尚待學習的重點呢！

特約主編　王志光

英國人有什麼好學的？

英國是一個有趣的國家，這個值得玩味的社群具有多重面向，既多元化又別有包容性，與島國性質的台灣有許多相似處，相當耐人尋思，甚至取其精華學習。

像是學英國人高超精湛的幽默感、種族多元的容忍共生、輕鬆對待嚴肅事情、無酒不歡又嗜茶成性、愛鬼找怪增添生活樂趣、打探徇私喜當007、派對搞鬧輕鬆心情、優良節目全年播映、愛護自然給鳥一片好天地、維護離島風光不遺餘力、嘴甜如蜜又講究卡片傳情、老城堡與小村莊都風味獨具、舊屋轉修脫手大賺一筆、三明治滿口好帶又好料理……英倫島國的風情就是與歐陸德、法的大塊狀態不同，英國人活出了自己的一番哲理，還就此世世代代以傳統捍衛者自豪自居。

我們自2001年7月30日搭著北海大船駛進北英格蘭後，就一直在英國住到現在。我的德籍老公是被他的德籍上司邀來北英格蘭大學作研究。而英國科學園區裡的國際化向來就普及，從這些外來者的眼光中看英國人，更可以評較出許多專屬於英國才有的不同。

英國人能講也能聽，不管真誠與否，他們都非常重視社交能力。由於可以輕鬆面對嚴肅事情，這個族群也很有移民適應力，退休之後南移地中海岸，選個陽光地重新打造自己的新天地，他們的生活規矩沒有德國人僵硬，變通性讓其到處都可以活得下去。

住進英國來，才發現整個英國在政經文化各方面依然擺脫不了的階級性。倫敦是一個獨立的經濟首都，倫敦之外，還有很多不同的英國隱私值得探尋。我家樓下的九十歲老葳妮就一輩子沒去過倫敦，她說那麼貴，何必去那裡亂花錢？但是反口一說，又認為倫敦之所以可以貴，是因為住在那裡的人都賺著大錢，她認為那裡的人「理當」負擔得起那種生活費。倫敦內外不但生活意識不同，價值觀、處世觀也很有差異。

住在倫敦之外，更感受得到英國四制治

國（英格蘭、北愛爾蘭、蘇格蘭、威爾斯）的深刻，英國傳統的生根，以及區域意識的強烈與衝突。比起歐陸的德法，英國國土確實不大，但是傳統的過去卻還是累積著無數精華。這本書全都是我個人在英國生活的觀點。人在一片土地上住久了，總會生出屬於自己的一套觀察，文字集結起來，我的英倫點滴就在這本書中與各位分享。

寫《學德國人過生活》像火山爆發，積存的地底岩漿火熱四放；寫《學英國人過生活》卻像陳年釀酒，細品精挑鋪陳醞釀。

可惜我的阿嬤、阿公、爸爸早走，看不到我的觀察。這些年來要感謝父母跟台灣家人給我不斷的鼓勵，即使遠在天涯，卻心靈相繫，還更緊密。感激英國好友Margaret Valentine對攝影素材所提供的意見協助、Emma Tonkin點出蘇格蘭

◆胡蕙寧

臺灣大學經濟、法律系雙學位,德國慕尼黑大學憲法學博士。旅居德、英逾12年,現任自由時報駐歐洲特派記者,精通中、德、英、台語。德文著有《競爭自由在德國憲法上的保障與原則》,中文著有《學德國人過生活》、《法律企業家──林敏生傳》,合著有中研院《管制革新》論文集、《胸有成竹說成語》等書,報章雜誌經常刊載報導文章。曾獲中央日報、勞工局合辦第一屆勞工文學獎,及聯合文學與長榮航空主辦之寰宇旅遊文學佳作獎。

新年習俗的精要、Gordon Stokoe、Mark Buddles、Dennis跟Livey Kirk、David Morgan對英國日常習俗的解說、以及Ros與Michael Bent的英國婚禮邀請。

　　很簡單,在選擇一種生活態度的同時,就是決定一種生活心情。憂喜都在自己心裡。生活是自己的品味,就像心情是自己的釀酒,酸甜苦澀都在你自己的口味中。末了,我們暫時不可能搬到其他國家,也暫時沒有其他國家的學習可以寫了……謝謝你們在《學德國人過生活》之後,再度與我一起細嘗在英國的生活體驗。

胡蕙寧

PART ONE

EATING

學 英 國 人 食

學英國人氣定神閒來杯茶

❶、❷ 英國人喝茶是沒有年齡限制的，一杯熱茶正是人際關係的催化劑。

英國流行著一個笑話，說二次大戰時，一架德國軍機被毀，駕駛員跌落英國民房。這位敵軍的德國駕駛員從瓦礫中爬起來，顫抖地說：「你們想把我怎樣？」屋裡的英國人正在喝茶，心閒氣定地瞧他一眼說：「緊張什麼？先來杯茶吧！」

> 英國人喝茶是沒有年齡限制的，一杯熱茶不僅是抗寒的熱劑，更是人際關係的催化劑。來杯茶先暖身，接著就是開啟社交談心事。

隨時隨地來上一杯

茶對英國人來說，就是生活重心。據統計，英國人平均每人一輩子會喝掉7萬4千杯茶，每年平均一人約喝下3.5公斤的茶葉。英國人喝茶不是只有下午茶，很多人起床時第一個進入腦袋的想頭，就是來一杯茶。連打開電視隨便一掃，劇中人物的手上老端著的，也是一杯茶，不管是肥皂劇的閒聊還是警探在辦公室中論案，「無茶非英國」絕對是正確寫照。

英語句子中就經常會出現這樣的開場白：「來杯茶嗎？」（A cup of tea？）甚至對於某事毫無興趣或不對味的寫照都可以描述成：「這可不是我的那杯茶！」（It's not my cup of tea.）我一次在路上看到一個剛會走路的小女孩在娃娃車旁邊哭喊，她老爸耐心地看著她，開口問的居然也是：「要來一杯茶嗎？」

英國人喝茶是沒有年齡限制的，一杯熱茶不僅是抗寒的熱劑，更是人際關係的催化劑。無論是憂鬱、緊張、痛苦、煩躁或興奮，來杯茶先暖身，接著就是開啟社交談心事。這是禮貌、是風俗，也是文化。

英國皇室重金禮聘茶博士

茶之重要在英國，連皇室都不能免俗。像是英國女王伊麗莎白二世的茶飲就不可馬虎，經常會在報章雜誌上看到以女皇之名，要專聘一位「茶博士」負責茶點。這名「茶室總管」年薪起跳約80萬台幣，工作內容是在女王需要時準備茶點、正確擺放食具與茶具。王室要求其必須擅長溝通、富團隊精神、組織能力強、處事靈活並能提供最優服務，具餐飲服務業經驗者還優先錄用。這名茶管家將成為英皇家政服務部的成員之一，除了可以居住在王宮裡，也可能隨女皇出巡其他王宮住處。

①

東印度公司讓茶葉風行英國

文獻上出現將中國茶葉帶回歐洲的紀錄，是約在16世紀後半期，由葡萄牙落腳在東方的商人和傳教士開始的。荷蘭在16世紀末期開始與葡萄牙爭霸東方貿易，這種熱飲從此風靡荷蘭，也一舉掀起歐洲的熱飲革命。不過因為進口商品價格超高，只有貴族富商享用得起。歐洲王室都是互通的，這股風潮當然也入侵英國，尤其在東印度公司壟斷了東方貨品的西進後。17世紀又出現了一位嫁給英國查爾斯二世的葡萄牙公主凱瑟琳，隨著這位酷愛飲茶的權貴把茶飲冠上「皇室之尊」的封號，在英國這個皇室效應非常強烈的島國上，茶葉從此一路爆紅。

東印度公司當時專司東方茶葉進口到英國，一直到18世紀中葉，茶葉都是業績不斷上升的金雞蛋商品。但是需求高過供給，又在重稅的壓制下，18世紀後期走私情況犯濫，一度還出現走私集團的年進貨量比合法進貨高出兩百萬磅的狀況。而茶葉管控不良，也使假貨劣貨充斥市場。一直到1784年英國政府徹底覺悟，在新任年輕首相威廉彼特的減稅下，茶葉走私終於被遏止。而茶葉價格大眾化之後，終於從

風行300年的倫敦茶葉拍賣會

倫敦茶葉拍賣有著長達300多年的壽命，由東印度公司舉辦第一屆開始，貫穿1679年到1998年。到18世紀初茶大受歡迎之後，茶葉的故事掛勾商業走私，開始在英國四處蔓延。直到1834年，東印度公司退下專賣身分，茶才因此成為自由貿易商品。在這之後的短短幾年間茶商辦事處到處成立，拍賣還是很盛行。19世紀中葉之後更是由每個月的拍賣變成每週都舉行。據說在50年代裡全世界有1/3的茶葉都是經由拍賣後，從倫敦倉庫直接包裝轉賣。後來因為飲料的替代品逐漸增多，加上承銷型態的更改，茶葉拍賣才終於走入歷史。

① 在英國到處可以看得到茶杯的販賣。
② 在英國街頭要休憩，就進店裡來杯茶吧，要茶、要咖啡都有喔！
③ 英國傳統市場裡到現在還找得到賣新鮮茶葉或茶包的攤販。

貴族之家走入平民廚房，之後飲茶文化就在英國落地生根普及化，延續至今仍深深地盤繞在大不列顛的生活中。

紅茶喝法千變萬化

在英國不只是午餐店家點得到茶，晚宴餐廳、甚至是普通咖啡館也無處不供茶。男人出門談生意要喝茶，女人在自家會友也是茶。茶葉後來逐漸被茶包取代，時代變了型式變了，但是英國人對茶的喜好可一點沒變。

英國茶的口味在歐洲很知名。我家德國老爺上飛機一般都點咖啡，但是要飛英國或是坐了英航，他就會點茶，說口味就是不一樣！我們的德國朋友要我們從英倫帶禮物過去，開口要的就是茶，還點名要立頓的英國紅茶。英國傳統市場裡到現在還找得到賣新鮮茶葉或茶包的攤販，超市中

的茶葉區有紅茶、綠茶、水果茶、花茶等不同選項的販賣，對咖啡因過敏的還可以選挑無咖啡因的茶葉買。

與台灣人不同的是，英國人喝茶不但會加奶還愛加糖，有時候連綠茶都不放過糖精的浸泡，這可能是東方茗茶精品人士最難以忍受的一道手續。無論如何，要跟英國人說東道西，開道起頭就找「茶」，事半功倍是錯不了的啦！

英國人三明治便餐不離口

英國人愛吃三明治聲名遠播。上麵包店、咖啡廳、便餐店隨便一瞧，三明治排排站，光用眼睛看就開始飽。

① 三明治方便好入口，成為英國人午餐盒中的最愛。
② 三明治的好處是你要夾什麼都行，內容、形狀完全任君隨意。
③ 北英格蘭還出現了土司夾上熱煎出鍋的奶油培根三明治。

英國人的午餐便當裡除了炸洋芋片之外，最經常冒出來的就是三明治。他們不會帶任何濕答答、含水份高的東西在餐盒裡，水或可樂另外罐裝買帶。而外出野餐或健行，背包中可能出現的充饑品，三明治也一定拔頭籌。

英國人的家常口味三明治

每一個國家對食物的品味都不同，英國的三明治通常喜歡在白吐司麵包上先來點奶油或美乃滋，說是「油味」添口味。然後視喜好夾入肉片、蔬菜、番茄、煮蛋片、鮪魚、培根或起司。上頭再撒點鹽巴或黑胡椒，或是擠些濃濃的番茄醬或棕色醬在上頭，儀式完成後對角一切，立刻上桌或打包出門都方便。

附帶一提的是，英國的沙拉醬濃稠多油，跟歐陸清淡的橄欖油加醋很不同。

②

③

這些沙拉醬也很喜歡用在獨家祕方的三明治中，白、青、紅、棕，為三明治增色不少。有時候光是吃些英國醬，就足以讓台灣蔬菜胃的人感到厚重。但是英國人體胖胃大得多，不少人進餐廳是點三明治盤當「開胃菜」。而對東方人來說，這種「開胃菜」一上來，通常當正餐都吃不完。如

果英國人把三明治當正餐吃，那配一道湯點則是少不了的「正餐手續」。有些高檔餐廳當然不會讓三明治正餐清湯掛麵地出場，於是在個沙拉、醃黃瓜或炸薯條，養眼填胃又好排場。

北英格蘭還出現了幾種很具地方風味的特產三明治：稱做「butties」或「sarnies」的是土司夾上熱煎出鍋的奶油培根，如果叫做「butty」，那奶油可就消失了，由美奶滋取代上場。還有一種很有趣的英北超高熱量吃法叫做「chip butty」，這回吐司裡頭夾的可是炸熱薯條，有些人在家裡沒興趣炸弄，還乾脆就把袋裝的洋芋片夾進去，吃得可是樂津津。

英國三明治因好賭伯爵走紅

三明治的由來眾說紛紜，有一說是由古猶太先人開創，中世紀就一度風行；但有英國人卻堅持是由英國祖先「自己開發」的。有人相信英文「Sandwich」這個字，最早是姓氏名，後來由18世紀的英國歷史學家兼國會議員Edward Gibbon開始使用在食物上。傳說中，貴族「三明治伯爵四世」（4th Earl of Sandwich）眷戀牌桌，這種簡單的食物免除一般貴族繁瑣的刀叉進食，讓他可以繼續待在牌桌上，用手一抓就塞進嘴裡。所以即使他不是始創者也不是倡導人，三明治卻因為他的愛好而開始以他的名字走紅於世。

> 英國人除了在家自己做三明治，在外頭買三明治的能力也不容小覷。每年估計約有18億個三明治是在家庭以外的市場中被買來吃掉。

變體三明治一樣受歡迎

延伸對三明治的熱愛，很受英國人歡迎的變形餐是墨西哥捲玉米薄餅（tortilla），也就是把夾在三明治裡頭的東西捲進薄餅中，樣子不同，味道一樣棒。英國人除了在家自己做三明治，在外頭買三明治的能力也不容小覷。每年估計約有18億個三明治是在家庭以外的市場中被買來吃掉。要提醒一下的是，在英格蘭、威爾斯所稱呼的「Sandwich」，在蘇格蘭卻叫做「pieces」。在當地要想吃對東西，可要先說對才好。

原則上三明治通常要有三片或至少兩片麵包夾著東西，才稱得上「正統」。但是來自斯堪地納維亞的一種吃法也可以被英國人接受，叫做「開臉三明治」（open-face），也就是只有一片麵包，上面堆了魚片、醃肉或起司等食料就直接進口。但是大多數的英國人還是喜歡被麵包「完全包住」的三明治，這樣一手好拿方便吃。單片的開臉三明治在俄羅斯、德國比較普遍，但是當地人可不見得認為他們是在吃「三明治」。

三明治變形化之後，不僅是便餐、前菜可以換口味，連甜點都可能被佔領，像是冰淇淋夾心三明治。我有位英國朋友飯後不吃一個這種冰淇淋，就覺得沒辦完吃飯的味覺手續，跟自己很難交代。以夾冰淇淋為主軸，這種三明治要巧克力或香草口味都有。有些人冰庫一打開，冰淇淋夾心三明治就堆積如山。

三明治在英國是姓氏，也是地名之一，像是英格蘭東南角的肯特郡（Kent）裡，就有個港市稱為Sandwich。不要在路上看到路標就以為那是三明治的故鄉，或誤認為那整個城市都賣著特產三明治喔！

1～4 英國街頭到處看得到不同種類的三明
　　治外賣，年消耗量約18億個。
5 在英國連婚禮餐宴上都供應三明治當午餐。
6 變形開臉三明治在英國餐桌上也看得到。

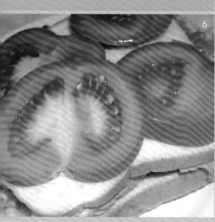

顛覆國界

大不列王世界

酒精稱霸

大酒精不列酒稱霸

英國人嗜酒是一種控制不住的傳統文化，血液中都是酒精在奔流。世代以來，酒館就是英國人的社交中心，喝癱喝掛可是生活常態喔！

① 英國市場上的酒色奇多，喝多了才知道自己的口味愛哪種。
② 深黑啤酒與麥酒是英國酒館的兩大主力。
③、④ 英國朋友相約愛在酒館，說酒館才有英國文化。

剛來英國生活很驚訝於英國朋友相約都不在咖啡館，唯一的選擇是酒館相見。我問說為什麼？英國好友馬克瞪我一眼說：「正統英國人只約在酒館，咖啡館哪有英國文化？」

酒館數量成為城市指標

是的，咖啡館實在太資淺了，我住幾年下來終於明白。在英國，真的是三、五步就一家酒館。要衡量一個鄉鎮的大小，人們不是說面積或人口，而是跟你報告說當地有幾家酒館。如果你在英國問路，人們指來講去用的路標都是酒館。他們世代在那裡以酒會友，各家英國好漢不論男女都是酒國好英雄！從九十高齡拄著枴杖的英國阿嬤，到十來歲蹦跳的鄰家男孩，都可能很好心地問你要不要一起上酒館。英國社交圈不用酒精，根本很難燃燒出火花來。

英國酒館點酒須知：

1. > 深黑啤酒（Strout）與麥酒（Ale）是英國酒館的兩大主力。這之中有愛爾蘭「國啤」之稱的吉尼斯黑麥啤酒（Guinness）、以及Smithwicks、Kilkenny等品牌都是主流。

2. > Lagers是釀造後再貯藏熟成的淡啤酒，入喉甘甜口味較輕，Carlsberg、Budweiser等就是經常被點的名品。

3. > Spirits統稱烈酒類，威士忌跟奶油甜酒Baileys被歸在這裡頭。

4. > Cider是英國人對蘋果酒類的稱呼，味道分甜（sweet）、甘（dry）兩種，不喜歡酒味太濃的可以點來取代。

5. > 愛爾蘭國寶級的吉尼斯是採用大麥芽焙烤而成，入口先是焦濃，後有甘味。可以另加點咖啡奶甜酒Kahlua一起喝，這俗稱為「Baby Guinness」的融合別有一番風味。

（2）

（3）

（4）

　　週五下班後大伙最愛上酒館坐坐，那裡頭威爾斯人不再敵對英格蘭人，蘇格蘭人還搭著愛爾蘭人的肩膀親熱，大家在酒精中一起罵老闆話足球，暈眩在震耳的音樂中，酒精讓人樂融融。傳統的11點夜間酒禁令已經被政府取消，但是很多地方酒館因為人力關係，還是習慣在10：55撞一下「酒鐘」，讓還意猶未盡的人可以搶著去買當晚的最後一輪酒。在酒精的鼓勵下，英國人終於可以坦承地卸下面具說真話，我屢次瞧見大漢醉倒在金髮女郎的低胸裡，或是龐克小妹老向帥酒保拋媚眼示意。而英國政府統計的「醉後上床」事件老是居高不下，一堆不小心懷孕的「酒精寶寶」就是這樣呱呱落地的呀！

要衡量英國鄉鎮的大小，人們不是說面積或人口，而是說當地有幾家酒館。在英國問路，人們用的路標也是酒館。他們世代在那裡以酒會友，各家英國好漢不論男女都是酒國好英雄！

眼花撩亂的各式酒品

走進英國酒館，不論是英格蘭還是蘇格蘭，千萬別只跟櫃台說要一杯「啤酒」（beer），因為吧台供應的酒品上百種，苦、淡、甜、重各種口味都有，你不仔細講清楚，吧台很難下手幫你決定哪一種。英國各家酒館的酒色可能都不同，有些人挑酒館除了因為氣氛，也因為眷戀某種特別的酒味。而要一網打盡當年的各家好酒味，由全國酒館輪辦到各地做年度巡迴的「啤酒慶」（Beer Festival）就是一個天大的好機會。

英國舉國震撼的「啤酒慶」通常是由CAMRA（campaign for real ale）所舉行，以支持地方特色的麥酒為宗旨，在許多城市都是春、夏天的盛事之一。在這裡專家會開始評選年度好酒，有些嗜酒之徒還可能跟著節慶跑，一路從南到北「喝穿英國」。不少英國公司機構會在這個時候用酒精犒賞員工，早在幾季前就買好入場券，那幾天更是提早下班，讓全體員工移師酒廠開心暢飲。而被這個協會選出的年度酒館則是一大光榮的表率，藉此再來個酒精大慶更被視為理所當然。

酒館風格，放送全世界

對居家狹窄的英國人來說，酒館世代以來就扮演著居民最愛的社交中心。傳統全稱是「公共屋」（public house），簡稱為pub，不管是木製裝潢或石磚砌灰泥，裡頭就是有食物、有音樂、有歡樂。

愛爾蘭風格的酒館甚至外銷全世界，還堅持就是跟英格蘭那一頭的酒館「特色不同」。據說愛爾蘭酒館的現場音樂表演較多，氣氛在這裡被愛爾蘭語叫做「craic」，意思就是「趣味」（fun），跟

① 英國酒館吧台供應的酒品多，不仔細講清楚吧台很難幫你決定下手。

② 英國人嗜酒是一種傳統文化，血液中都是酒精在奔流。

③ 英國「啤酒慶」以支持地方麥酒為旨，是春、夏天的愛酒盛事之一。

英格蘭老放著錄音帶大不同。英格蘭的傳統酒館音樂聲小，讓人好說話；但是摩登酒館可不這麼想，迪斯可聲樂震響，要說話不湊到耳邊吼，沒人知道你要說的內容。

不論外頭再怎麼風雪交加，在英國酒館中總是杯觥交錯，入店就溫熱暖心。在這裡大伙都「停止思考，開始暢飲」（stop thinking, start drinking,一首電視歌曲），一起看足球、過生日、開派對，從迎新、送舊、結婚到葬禮都在酒精的相伴下，快樂得醉醺醺。

入籍必考──英國的酗酒文化

在英國政府規定要入籍的外國人都要通過的「生活在英國」語言考試中，「酗酒文化」（binge drinking）居然也在考試內容裡堂皇登場。民調中老是有超過九成的英國人覺得「沒酒精就沒樂趣」，在酒精與歡樂意識的超連結下，每一有機會，英國人不醉不到不省人事絕不氣餒。這種醉法在每個週末的英北大城都會上演，筆者親見無數穿著迷你裙的女孩在狂飲後癱瘓在路上。還老是有英國人一出國渡假就因為酒精放縱無度而客死他鄉，媒體上討論的是何以西班牙的40杯雞尾酒會「喝死人」，結論是警告英國人：西班牙的雞尾酒比英國便宜又大杯啦！

學蘇格蘭人與天使共享威士忌

英國人酷愛的酒精中，威士忌尤其值得一提。有趣的是，「威士忌」在英格蘭與威爾斯寫成「Whisky」，一旦到了北邊或愛爾蘭，就得拼成「Whiskey」，尾巴多了個「e」。別誤以為當地人拼錯了字，主張要「e」的人可能會醉眼惺忪地對跟你說：這個「e」代表的是「excellent」啦！

威士忌力道超強，尤其在英國的冷冬，喝了就醺暖，因此成為致命的吸引！我開始密切注意威士忌，是在走訪一些蘇格蘭的城市後，驚訝發現大城市裡幾乎都有自己獨家的威士忌廠，一入城就可以在空氣中聞香。參觀了幾處後，發現英屬北海歐克尼（Orkney）島上的威士忌酒廠印象最深刻，傳統酒味中濃濃散出蘇格蘭歷史的光芒。

走訪威士忌酒廠

「海豹群島」歐克尼位於北緯59度。威士忌酒廠就駐在大島首府科克沃（Kirkwall）市中心不遠的荷姆路（Holm Road）上，老是在海味的空氣中彌漫出一股醉香。鄉民告訴我，威士忌在這裡與居民血脈相連，這個稱作「高地園（Highland Park）」的傳統釀酒廠有著兩

① 蘇格蘭天氣風大陰濕又多變，絲絲濃密地融入威士忌的釀酒過程中。

②～④ 位於歐克尼的「高地園」（Highland Park）傳統釀酒廠所出產的蘇格蘭威士忌（Scotch Whisky）外銷全世界，與人也與天使共享。

百多年的歷史，曾經被蘇格蘭旅遊協會頒贈五星級獎章，出產的蘇格蘭威士忌外銷全世界。

英語解說員帶隊參觀酒廠，整個行程充滿著撲鼻的發酵、燃燒、貯存、釀造等不同氣味。解說員細說威士忌在產源上可分為麥芽、穀類兩種，在銷路上則再加上調和威士忌一種，後者是世界上目前最暢銷的威士忌酒種。其中麥芽威士忌的製造共有4個重要過程：孵芽、碎磨、發酵與蒸餾。走進酒廠的第一區是一片很大的倉庫，地上舖著全是麥草，四處通風也不減麥芽香。這是「孵芽」過程，篩選大麥芽在水桶中浸泡2、3天後，開始平舖在地上讓其自然孵芽。視季節、大麥品質而定，孵芽約需8到12天，這時候的溫度與溼度都必須注意調控。我們看到工人拿著鏟子就地翻轉，原來孵芽過程中還須規律性的翻轉大麥，以讓每一顆麥子都能發芽完全。

這之間大麥種子開始產生酶素，將澱粉轉化為糖類。這裡用的是蘇格蘭當地所產的泥煤（Peat）小火慢烘，這也是某些威士忌烘乾麥芽的技巧所在，藉此讓特定酒種嘗起來有泥煤煙燻的氣味。

> 釀酒過程中，平均一年會蒸發2～3%，蘇格蘭人相信這是守護天使「偷嘗佳品」的傑作，因此被稱為「天使配額」（Angel's Share）。

發酵、再蒸餾

走入第二區看到的是「碎磨」程序，這是將烘乾的麥芽在一個循環的大型容器中加熱水磨攪。這時被溶解的澱粉轉變成液態糖分，稱之為麥漿。留下來的殘渣固體可作為牛群食糧。取出的麥漿冷卻後，會被移到一個可以容下9,000至45,000公升的超大容器內，加入活酵母進行「發酵」，轉質麥漿裡的糖分為天然酒精。發酵需要約48個小時，之後會出現一種低勁道的酒精液體（Wash）。集結這種酒精液體後，就可以進行第四道的「蒸餾」手續。

蒸餾出來的酒精液體，蘇格蘭人稱之為「低酒」（low wine），酒精濃度約在70～90%之間。低酒收集之後將進行二次蒸餾，使酒精含量降到約63～68%左右。二次蒸餾出來的酒精，並不見得都能被取用。蒸餾師傅必須品嘗篩選後，才將可接受的原酒成分裝入橡木桶中。之後不管是穀類或麥芽威士忌，最後都要進入一段漫長的「釀熟期」（Maturation）。也就是二次蒸餾並篩選之後的酒精裝入橡木桶或雪利桶（sherry，專門釀酒的酒桶之一）中，標上封箱日期進窖底「關禁閉」。這些木桶雖然密封卻必須通氣，讓蘇格蘭的北風可以穿透木桶，也同時留下酒精蒸發的空間。通常酒精濃度平均一年會散掉2～3%，蘇格蘭人相信這是守護天使「偷嘗佳品」的傑作，因此這些蒸發掉的酒精被稱為「天使配額」（Angel's Share）。

我們一行約十來人，在仔細聽看完威士忌上百年的製造文化後，最後一站是個小驚喜，那是展示酒桶上已經斟好的透明色威士忌，讓大家在冷風中品嘗一下真品。這是趟對威士忌歷史的親身體會，吞下一口，似乎幾世紀以來的蘇格蘭文化就這樣暖暖地注入喉中……。

關於蘇格蘭威士忌：

A. > 兩次蒸餾

蘇格蘭威士忌必須做兩次蒸餾，也就是在銅製細長頸、下部橢圓狀的紅棕色巨型蒸餾器中，先將收集進來的酒精液體蒸到一定熱度，使之變成氣體；這氣體會到細管通道冷卻設備中再被冷卻成液體。第一次蒸餾是分離酒精與發酵液，並藉此排除酵母殘渣與雜質。

B. > 穀類與麥芽威士忌之異

穀類（grain）威士忌與麥芽威士忌的製作過程有好些不同，前者的原料除了麥芽，也加入一定成分的其他穀類。其中未孵芽的穀物必須加熱水，先在蒸氣壓縮鍋中煮攪3個半小時。把澱粉細胞煮開後，連同碎汁加上孵完芽的大麥一起進碎磨桶，讓酵素將澱粉轉化為糖分。另外，穀類麥漿在收集上不但採用特殊低引力的做法，蒸餾桶也完全不同。穀類威士忌是用帕騰特或科氛鍋（Patent or Coffey Still，威士忌專用蒸餾鍋）來蒸餾，酒喝起來會更強烈帶勁。

C. > 正統名稱不能亂用

蘇格蘭威士忌法定必須在木桶中至少熟成3年，才可以稱之為「蘇格蘭威士忌」。不到3年的桶裝威士忌，只能叫做透明色烈酒。純麥威士忌要比穀類威士忌藏釀的時間更久，常見的是10年、12年出廠，要25年、50年的也有。貯藏多久端視原酒裝桶時的勁道強度、桶子大小、氣溫與藏窖地點的溼度而定。調和威士忌必須在上述兩種酒都熟成出桶後，才能進行調和。調和威士忌的目的是減低勁道，完全是考慮市場行銷所出產的產品。它的顏色跟採用的原酒有關，如果來自橡木、雪利桶貯存的威士忌，混合後的顏色會深沉些。

※此篇所提之相關資料可查 www.highlandpark.co.uk

① 、② 蘇格蘭威士忌酒種繁多，法定須至少熟成3年才可以稱名。

③ 、④ 蘇格蘭隨便跑，酒廠到處看得到，連市鎮地圖上的標明都著色清楚。

學英國人
啃火雞
吃黑布丁
過耶誕

雖然英國國教可不理會羅馬梵蒂岡的指示與要求，但是，信基督教達5成以上的英國人不僅過耶誕節，而且還熱鬧無比，餐桌上的傳統食物比起歐陸的國家們都「固定」。

英國人的耶誕節是國定假日，跟我們的春節一樣，在外頭的大小老少都要奔回家團聚吃喝。這一天的全國鐵路、地鐵與公車也都是停開的。所以提早購票即時回家，絕對不比台灣趕春節返鄉的盛況遜色。而一回到家中，母親的溫暖就開始展現在桌上，近9成的英國人認為，耶誕晚餐缺了火雞就不叫耶誕晚餐，加上連不信基督教的人也跟著吃，於是英國耶誕盛宴的排場，當然就是舉國震撼的年底火雞屠宰場。根據統計，英國人每年要吃掉約一千萬隻火雞，而最高量消耗期，當然就是耶誕節了。

耶誕主菜：烤火雞大餐

烤火雞是傳統英國耶誕大餐的主菜。每一家的烤法不盡相同，但是在火雞肚中塞混攪香草的碎肉，或是在表皮上塗撒迷迭香、月桂葉、蒜頭或獨家喜愛的藥草，加

① 英國過耶誕很喜歡在桌上擺些可以讓人裝扮或驚喜的小玩意，增加歡樂氣息。
② 烤火雞是傳統英國耶誕大餐的主菜。
③ 傳統英國耶誕晚餐還會上一些小綠甘藍，先用水煮去苦再撈出來烤、煮味道。

上適度的橄欖油或烤醬，則是讓火雞現身桌上時，香味四溢的重要技巧。喜愛培根的家庭還會把培根肉片鋪在雞隻上頭，把整隻雞打扮成一隻培根雞的模樣進爐烤，讓整隻火雞都滲透出濃濃的培根香。

英國人吃烤肉喜歡搭配莓醬汁，酸甜夾著肉味入口，風味絕佳。不少傳統英國母親會自己調出一種蔓越莓醬（Cranberry sauce）來澆淋，而現在忙碌的婦女不斷增加，上超市也很容易就購買到罐裝的這種甜醬。喜歡鹹醬汁的家庭，深咖啡色的Gravy醬尤其是首選。厲害的家庭主婦會搭配洋蔥與火雞肉汁來調理這種醬汁。不只是耶誕夜晚，這種醬汁搭配其它的各式餐點都深受英國人的喜愛。

當然，一個耶誕晚餐的大盤子裡是不可能只裝烤火雞肉的。英國人傳統上還會搭配些小綠甘藍，先用水煮去苦味，再撈出來加奶油或培根烤、煮味道。而當然，酷

愛馬鈴薯的英國人在這種時候也不會讓這道大菜缺席：先把馬鈴薯削皮切塊後，看份量自己一大盤烤或是跟著火雞一起烤，出爐必須香脆油酥，如黃金閃耀。有些家庭人口多，除了馬鈴薯還會用上Parsnips這種英式根菜。有些人稱其為「歐洲的白蘿蔔」，但是烤起來吃的味道，其實跟台灣的烤甜番薯差不多，濃郁香甜。

英國耶誕節須知

英國人稱耶誕老公公為「耶誕老父」（Father Christmas），跟德文中直稱「耶誕男人」可親疏不同。英國傳統上讓孩子開禮物的時間是耶誕節，也就是12月25日，與德國孩子們可以在耶誕夜的24號晚上開箱可足足晚了一天。在英國，12月26日依然是國定假日，這一天稱作「boxing day」。因為過去老時代的僕人、園丁或郵差會在這天得到雇主的一個小袋子，裡頭是感謝他們一年辛勞的薪資。依照傳統，這天酒館會開張半天，英國人會約朋友出來喝酒見面，談談每家酸甜的耶誕心事。

①～**③** 傳統英國耶誕大餐吃太飽，上街看看耶誕櫥窗是很好的消胃辦法。

④ 厚重甜膩的耶誕黑布丁是英國人在大節裡無法忘情的熱門甜食。

耶誕老人的最愛——碎餡派

　　正餐吃完了，肚大的英國人是絕不會忘記甜點的。耶誕節一定會出場的英國「甜心」首推一種甜膩無比的「碎餡派」（Mince Pie）。有傳說告訴小朋友這可是聖誕老公公最喜歡的甜點，所以有些貼心的小孩會特別在耶誕老公公要來的那一晚，擺幾顆碎餡派、白蘭地巴結一下老人家；更貼心的還會放幾條紅蘿蔔給辛苦奔跑的麋鹿加菜。正統的碎餡派是熱食，放烤箱或微波暖一下都行，行家還會澆上白奶油來一起吃。

　　英國的碎餡派（Mince pie）直徑約5～7公分左右，可讓迫不及待的人一口吞下。這種餡餅在16世紀就被奉為耶誕聖品，內含牛、豬絞肉、葡萄乾、杏子乾、蘋果乾、櫻桃乾和其它堅果，以肉豆蔻或肉桂粉等香料在味，這也是耶誕傳統的

英國人專屬，以乾果、葡萄乾、白蘭地等製成的「耶誕布丁」，一般熱吃，講究的還要澆上白蘭地等酒精，吃之前點火燃燒「助陣」，再加白奶油堂皇上桌。

「英國氣味」。

可能因為耶誕大餐就以肉食為主，傳說在19世紀開始，絞肉逐漸出局，內容只以各式果乾、堅果和香料做成。英國人認為吃這道點心會帶來好運，尤其在耶誕時節吃第一只時要記得許願。迷信甚至還擴張到製作過程，也就是只能以順時針方向攪拌才對，小心吃到以逆時針方向攪拌製作的派餅，會帶來壞運的喔。

壓軸鉅獻──耶誕布丁

最後，英國人絕對不會忘記在耶誕節壓軸的，就是大名鼎鼎的耶誕布丁（Christmas Pudding）。這道只在英倫上場的耶誕「黑色大點」，從16、17世紀就開始流行，裡頭是乾果、葡萄乾、白蘭地等酒精熬煮提煉的大會合，上桌時就是一般布丁形狀。一般熱吃，講究的可得澆上白蘭地或其它酒精，吃之前點火燃燒「助陣」後，再加白奶油堂皇上桌。這種布丁甜膩重沉，拿起來當武器打到人，可是會痛到哇哇叫的。我每吃一次這種布丁，就會覺得腸胃塞住。還好耶誕布丁不只提煉期長，保存期更長，可以慢吃享用過節慶，別急著吞呀。

英國奶油須知

英國很多熱食的甜點，白奶油都會跟著上桌。有趣的是英國市場販賣的還分濃淡。如果喜歡淡口味，稀奶油（Single Cream）就夠，這也是一般澆淋酸性水果像是草莓、藍莓、黑莓的搭配；如果喜歡濃郁點的，厚脂奶油（Double Cream）味道更豐厚。另外還有較為固態的重鮮奶油（Heavy Whipping Cream）、鮮奶油（Whipping Cream），打起來可以當作奶油蛋糕的裝飾。重厚脂奶油（Thick Double Cream）、凝縮奶油（clotted cream）更濃稠。另外還有法文發音的酸奶油（Crème fraîche），加水果或蜂蜜當優酪乳吃也很棒。

英國人街頭外賣很熱門

西方有一則關於天堂與地獄的流行笑話：如果在天堂，就該是英國人當警察，法國人做廚師，德國人當工程師，義大利當情侶，瑞士人主政；如果是在地獄裡，就是找德國人做警察，法國人當工程師，義大利人主政，瑞士人當情侶，英國人做廚師。所以英國廚藝的名聲，可就不難想像了。

做料理太沈重，叫外賣最輕鬆

吃在英國一直是個話題，煩惱之一還包括——怎樣才能教會英國國民吃得健康。英國人把煮菜當成一種了不得的專業，不少職業婦女把孩子養到17、18歲了，從來沒開爐作過一頓飯，最偉大的動作就是把冷凍披薩送進烤箱。這些英國人平常吃什麼呢？他們多以洋芋片、三明治、速成食品或外賣食物維生，還說日子一過，孩子還不是照樣就養大了。

一般英國人進餐廳就是要享受，通常也都會有值得慶祝的名目，穿上正式的好衣服、戴上漂亮的首飾，規矩坐下來好好聊天吃一頓。這種時候付上大鈔是難免的，通常加點瓶酒，一人最低消費約40磅（2,500元左右）跑不掉。至於平常要吃飽又不想動手做，街頭外賣就是很好的選項

→買個外賣食品隨坐隨吃，在英國很流行，其中又以炸薯條加炸魚片最受大眾歡迎。

了，英國人稱之為「take away」（美國稱之為take out）。這種外賣其實指的是「外食」，也就是店家只供應你包好的食物提走，店面中有等候的座位，但是沒有用餐的桌子，不方便在裡頭進食，也沒有人在櫃檯之外招呼服務。

國家級外賣：
炸魚片＋薯條

在英國街上要找外賣的熱食，最經常掃到的就是英國名菜「炸魚片與炸薯條」（fish&chips或fish 'n' chips）。這是無刺的魚肉片裹麵粉現炸後，配上滾燙大塊頭的炸薯條一起，櫃檯會問你要不要加鹽巴或黑醋？要打包還是現吃？現吃的就放在紙盒或保麗龍盒上，開門見山立刻入口；如果是外帶，古早時會用報紙給你包起來，像台灣過去用報紙包油條燒餅一般；

現在為了衛生考慮，幾乎全都用粗白紙張來取代。

魚片或薯條也可以分開來買，或分別加上英國香腸、攪得爛爛的綠酥豆（mushy peas）外帶。有些店家還有剝好皮的水煮蛋附加，不過這可是冷的喔！不少炸魚片的店家會附帶外賣中東式的夾烤肉麵包沙威瑪（Kebab, kebap, kabob或kibob）。但是跟歐陸採用純肉很不相同的是，有的英國店家在肉中加上許多麵粉，吃起來很像是夾甜不辣或英國香腸，價位是降低了，但是口味也走樣了。

玩笑話說，英國人是
用眼睛吃菜的，看一
看就心滿意足，要吃
去叫個外賣或是微波
爐熱一下速食包，味覺跟胃就都夠了。

中餐外賣不容小覷

　　僅次於炸魚片與炸薯條的外賣生意，中餐外賣應該算是等同於義大利披薩外賣的次大熱食市場。英國的中餐館因為殖民的歷史背景，幾乎都是廣東話人口的天下，因此很多翻譯就不是北京話譯音，你要是不會說廣東話，幾乎和外國人沒兩樣！

　　中餐外賣的點餐項目是所有外賣館中最震撼人的，菜單一拉開可以落落長達一、兩百項，從炒麵、春捲到餛飩湯都叫得到。還好這些菜單都有編號，讓發不出音來的「外人」憑號碼就可以在電話裡點餐。一些中餐館用的是塑膠盒、有些則用鋁盒保熱，其實都不太環保。熱菜與白飯分開兩盒包，自己要吃的時候再混合。你如果說你只要菜不要飯，小心招來數枚白眼說：「價錢都是一樣的啦！」

　　講究方便吃的英國人，當然不會忘情有國菜之稱的咖哩，這在印度外食店就有專門供應，要紅要黃要綠都有，印度大餅更是很容易就吃撐了。此外，英國超市裡頭的速成食品（ready made meal），買回家用微波爐一烤就下肚，近年來大受歡迎，年年高升的營業額在2006年創下上兆英鎊的龐大市場，後勢強勁還各方看好呀。

英國人眼睛比胃更愛吃好菜

英國人不愛在家煮菜，但是有趣的是，他們很喜歡在電視上看人家表演做菜。英國的廚藝秀在歐洲稱冠，量與式樣都超多。不少人愛開玩笑說，英國人是用眼睛吃菜的，看一看就心滿意足，要吃去叫個外賣或是微波爐熱一下速食包，味覺跟胃就都夠了。英國媒體創造出很多的「電視級大廚」，如果有人耶誕送禮想不出來買什麼，旁人就會建議你：去買烹飪書籍吧！年底一到，所有大廚都會緊急出書撈鈔票。真正的英國好餐廳多聚集在倫敦，不但餐桌上要色香味熱俱全，好的食物更重視美麗的擺設，上盤要像上畫，讓人一「看」就愛吃。

1～3 英國好餐廳菜色講究色香味熱俱全，上盤要像上畫，讓人一「看」就愛吃（圖中1是梅汁鴨肉盤、2是杏果烤雞、3是牛肉沙拉盤）。

4 年底一到，英國名大廚都會緊急出版飪書籍來撈鈔票。

5、6 外出買食在英國家庭相當流行，路上的選項也不少。

學英國人佐茶、飯後必備甜食

英國人實在愛甜食。從巧克力、甜甜圈、甜鬆餅到小脆餅，喝茶佐咖啡間聊嗑牙都「甜」不離嘴。這正是英國甜食文化的精華所在。當然，也是這個民族「暴肥」的必勝絕招，長年歐洲最胖第一國，可不是浪得虛名的！

讓英國人吃不膩的甜點有哪些名品呢？沾滿糖的甜甜圈就經常擺在甜點架上，有時候換湯不換藥，圈圈變成甜圓包，裡頭還緊緊密封著一咬就流出汁的甜果醬。圓形的甜發糕muffins也是英國人配茶聊天的最愛，裡面的成分可以加櫻桃、巧克力或是其他甜漿，選項還不少。奶油硬餅Scones也是英國餐桌上經常出現的甜食，咬起來嚼感不錯，有加葡萄或其它果乾的不同品種，吃早餐或是下午喝咖啡都很飽胃。有些農家直銷鄉鎮市集的手工Scones，味道更是獨家特棒。英國人口中的biscuits指的是小餅乾，跟美國人指的可能是軟餅或小麵包可不同。喝個下午茶有功夫喝法跟隨便喝法，如果是後者，那就來幾片脆甜的biscuits吧，英國人一甜就高興，話匣子就開不完啦！

英國蛋糕不喜熱騰騰

英國當然也有蛋糕，但是有趣的是少見鮮奶油蛋糕，多得是厚糖霜硬糕。只不過老樣子，英國蛋糕光是外頭那一層糖霜就可以讓人甜到跳牆，更不用說還上巧克力

英國人口中的biscuits 指的是小餅乾，跟美國人指的可能是軟餅或小麵包可不同。

或焦糖當裝飾的蛋糕了。

更有趣的是，英國朋友瑪格麗特來我家作客，看我烤出來熱騰騰的蛋糕就要上桌配咖啡，忍不住說：「你們蛋糕吃熱的喔？德國這樣吃嗎？」我家德國老爺理所當然地說：「能吃熱的當然吃熱呀，不是這樣最新鮮好吃嗎？」瑪格麗特搖頭說不，英國人吃蛋糕喜歡放冷來吃，說「這樣才吃得到蛋糕味呀！」如果吃歐陸來的那種現烤長糕Strudel就可以吃熱的，但是要澆上熱香草汁才對味！所以像是我家吃現烤的「熱」蛋糕，瑪格麗特就建議我們應該澆上鮮奶油，英國同胞認為這才好吃喔！

英國人在耶誕節還會賣一種耶誕蛋糕（Christmas cake），只不過在耶誕碎餡派以及黑布丁的聯手夾擊下，這種具有耶誕「正名」的蛋糕很容易就受到市場擠壓。英國的耶誕蛋糕也是一種可以久放的果糕，厚重扎實味甜，放上一、兩個月都沒問題的。而正式餐點的飯後通常一定有甜點，這時候你會發現又是炸甜食居多，像是裹麵粉的炸香蕉或炸蘋果，上頭還要澆上一層濃甜的蜜汁才夠味！

英國布丁不一定甜

在台灣的觀念裡，布丁這個名詞通常是甜食。但是在英國的「鹹布丁」可不少，像是「約克夏布丁」（Yorkshire Pudding）就不是甜食，更不是飯後甜點，而是一種用牛油熱煎，圓狀中空的蛋、奶麵食，在英國「週日午餐」（Sunday lunch）的菜單上很容易看得到。其角色是在正餐中伴食澆淋肉汁的鹹肉，當墊肚底食用。另一道英國才有的豌豆布丁（Pease pudding）也曾經是主食，那是以乾燥的豆類為主，浸泡過後用布包起來水煮食用，也不算甜食。而更有不少的英國香腸不叫香腸，而以「布丁」稱之，這在甜、鹹口味，當主菜或甜點之間可天差地遠，外行人只看其名不知其詳的話，很容易吃錯上當。

英國與歐陸的巧克力大戰

　　當然，愛甜的英倫人沒有巧克力是無法
過活的，只不過英國巧克力可跟歐陸很有
得拼，因為前者並非純粹巧克力，通常會
添加牛奶等其它成分。為此歐陸主張純巧
克力品味的國家曾經質疑英國的「雜種巧
克力」，不能冠上「巧克力」之名。

　　英國廠商火大，一狀告進歐盟法庭，成
為英國與歐陸之間一場有名的「巧克力戰
爭」。還好歐盟法庭算是會做人，最後判定
英國的巧克力即使不純，還是可以稱之為
「巧克力」，但附帶條件是要明白打上「英
國的巧克力」，好讓消費者知道「差別」。
英國巧克力工廠終於贏得了「正名之戰」，
可甜蜜又興奮地慶祝了好一陣哪！

「派」食主義英國風行

英國人愛吃派──一種酥油麵粉皮包餡的烤
餅，熱吃冷食都可以。派的主張就是「封
烤」，內餡可能是肉、魚、蔬菜、起司、
果類、奶油、巧克力、蛋奶凍、核果等混
合，要甜要鹹都不拘，當主餐或甜點任君
隨意。英國人的街頭外賣食品中，派也是
熱門項目之一，有時候還跟著炸魚片炸薯
條搭配外帶。甜點派中的名品當屬蘋果
派，熱食加淋香草醬或奶酪都好吃。派的
形狀做小一點包成餃子樣就稱作小肉餡餅
（pasty），這在許多郡市各成一格，地方
口味可赫赫有名！

英國人的街頭外賣食品中，派也是熱門項目之一。

1、2 英國人老小都酷愛甜食,在街頭就看得到。
3 圓狀的甜發糕muffins也是英國人配茶聊天的最愛。
4 飯後甜點另選,在配有好廚房的英國酒館可是一大飽胃享受。
5 讓英國人吃不膩的甜甜圈就經常擺在甜點架上任君選挑。
6 英國正式餐點必備甜點套餐,這道檸檬奶酪搭配香草冰淇淋就很可口。
7 英國多的是厚糖霜硬糕,少見鮮奶油蛋糕。

DESSERTS

CHEFS SPECIAL £3.95
TREACLE SPONGE £3.85
LUXURY ICE CREAM £2.65
CHOCOLATE TORTE £3.95
APPLE TART £3.75
LEMON CURD CHEESECAKE
£3.95

學吃排場豐富的英式早餐

英倫島國跟歐陸對岸國家的恩怨情仇不少，但是在一堆讓英國人抬不起頭的紀錄中，還是有讓英國人揚眉吐氣的傳統，像是排場輝煌、內容豐富的英式早餐，就總讓人印象深刻！

❶ 讓英國人揚眉吐氣的傳統中，英式早餐的排場就該算是一項。

❷ 傳統的B&B都供應英式早餐，但是為了成本考慮很多已經簡縮成只供應歐陸早餐。

　　英國人能吃辣也能吃內臟，有些人甚至連豬蹄雞爪都敢下口，對異國口味也包容得多，這不知道是否跟他們一大早就嗜吃油煎熱場的豪華早餐有關係？英式早餐（British Breakfast）貫通英倫全島加離島，甚至到歐陸的觀光景點都特別點得到，請別講成「英格蘭早餐」（English Breakfast），小心蘇格蘭、威爾斯人擺臉色給你看。

英式早餐大揭祕

　　全套的英式早餐（full breakfast）盤子裡必須有煮豆、煎培根、火腿、香腸、黑血香腸（Blood sausage，也稱做血布丁或黑布丁Black pudding）、炒蘑菇、烤番茄、馬鈴薯餅與煎蛋，上頭食物可以自己調加鹽巴、胡椒，或者是紅、棕色醬（Brown sauce一種肉醬汁），旁邊搭

> 英國許多B&B（附早餐的民宿）中，附帶的是歐陸早餐，另點的英式早餐價值近1,000元新台幣！但是蘇格蘭的B&B，則幾乎是標準英式全餐。

配著放在吐司架上、對切成三角狀的烤吐司，可以自塗奶油或果醬，要果汁、熱茶或咖啡，店家或旅館通常會先問你再上。

一般來說，節省的英國廚房為了怕你被全套餐點擊倒，會先請教你有沒有哪些不想或不愛吃的，好讓廚房省下一些材料跟功夫。細心的店家有時候看你去掉太多項目，可能會問說那多加一個蛋或是一片煎培根替換好嗎？

為了對照英式早餐的豪華，當然不能不講講所謂的歐陸早餐（Continental breakfast）。歐陸早餐除了原則上不動鍋爐油煎之外，也以甜味開一天的胃。像是來片硬全麥麵包塗奶油加果醬，或是法國牛角麵包配奶油，在以優酪乳、咖啡、拿鐵或果汁。不喜歡甜味開場的人，可能會在麵包上加片冷香腸。總而言之，空氣中不會在清晨一早就出現油煙熱味。由於歐陸早餐跟英式的不同，很多觀光景點都會

將早點區隔成兩套，而這可是英國人對抗歐陸的一大驕傲！

B&B不一定供應英式早餐

英國「雙B」的B&B，是所謂「附床位與早餐」（Bed and Breakfast）的民宿簡稱。對於旅人來說特別重要，貫穿全英國一看到這個簡稱就表示有歇腳處可以落腳。這種民宿都是私宅，比旅館小，價錢便宜些，房間多少看房子大小，而「房東」仁慈與否就要看客官個人的運氣。B&B經官方檢定後也有星級，級數越高的配備就越好，在共同的餐飲室附早餐是特色之一，沒人會給你端去房間送早餐的。

在B&B常住也可以，但白天必須離開住房，讓房東檢視整理內部是一種默契。房東通常就跟你一起住在房裡。過去傳統的B&B都供應英式早餐，但是越來越多的民宿為了成本考慮，已經簡縮成只供應歐陸早餐。

英式早餐，一國兩制！

在英國很多B&B的含早餐民宿中，會附帶的早餐可不一定是英式早餐。我到倫敦的不同民宿與旅館住了數次，都發現附帶的早餐是專指歐陸早餐，英式早餐要另點，難怪侍者會一直好心地來問你要不要，要全套嗎？退房結帳一頓全套早餐價值約15英鎊，近一千元新台幣呢！但是住進蘇格蘭的B&B，幾乎就都自動上給你英式全餐，頂多問你什麼不吃而已。這些「一國數制」的規矩，在英國旅行的時候可要注意。

到英倫群島之外要吃英式早餐也不難。許多在南歐像是希臘、西班牙等觀光景點的旅館乾脆將之改成自助餐式，讓旅客自己選取想要的組合，省得侍者一個個去問。而這種時候的早餐內容自然就會入境隨俗些，像是少了血布丁或是把煎蛋換成炒蛋等等。

英國人其實也不是每天都這樣豪華開場的，有些人家只在週末的早上吃這樣豐厚的早餐。而因為週末通常都睡得晚點起床，這套早餐就當成午餐吃了，英文還為此創了結合早午餐的「brunch」這個字！還有餐飲店在門口就大大標示著「早餐全天供應」，所以，你要把英式早餐吃成晚餐或宵夜都行。

事實上，英式早餐在英國各區之間是有些許差別的。在英格蘭的英式早餐可能被熱燻鮭魚或鯡魚（kipper），加炒蛋以及奶油吐司所取代。蘇格蘭的英式早餐，香腸跟培根與英格蘭的就不同，馬鈴薯烤餅（Potato scones）以及麥片粥在當地也很受歡迎。北愛爾蘭那一頭可有自家的「愛爾蘭式早餐」供應，無血香腸的「白布丁」（White pudding）會上場，配的可是全麥的蘇打麵包喔。

①～③ 培根、血腸、魚片等都可能在英式早餐中出席，上市場也很容易買到材料。
④～⑥ 排場豐富的英式早餐可是英國人的驕傲，餐館街頭都看得到。
⑦ 早餐到處供應在英國很盛行。

PART TWO

CLOTHING

學 英 國 人 衣

學英國人
大膽穿衣

英國人衣著分上班穿及下班穿兩大類。如果你是坐辦公桌的工作，套裝、西裝就成為尊重工作的一種象徵。不少單位還要求穿制服，奇特的是英國制服很喜歡挑花布，跟英國家庭愛用的地毯與壁紙一般，有時候實在會花到讓人眼「花」撩亂。

1

① 像這樣化裝舞會般的打扮晃街頭，在英國有慶典或派對的週末很普遍。
② 英國男人喜歡將上衣外放穿著。
③ 上班的英國人穿著必須正式莊嚴。

上酒館展示服裝

下班之後呢，英國男女的穿著可大不相同。這又可以分在家裡與上酒館。在家裡他們很喜歡穿運動裝，上下舒服好自在。上酒館那可就要特別梳洗打扮一番。英國男人跟歐陸最大的不同是喜歡把上衣外放，可能是為了遮啤酒肚，我很少看到英國男士把上衣用褲子與皮帶拴住。不少歐陸朋友過來英倫一瞧，也很驚訝英國男人的這種穿法。

下班之後的英國女人呢，那可就花枝招展到令人大開眼界了。英國女人穿衣服比歐陸大膽很多，露胸露肚露屁股，身材好不好都沒關係，穿衣高興是為自己。不只是剪裁暴露，色調也比歐陸大膽，很敢採用強烈以及對比的色系。英國女人對於服裝也有地區性的偏好，像是蘇格蘭喜歡格子花色，英格蘭對於紅色、粉、菊、紫

英國人就是不怕冷，即使冷冬寒天，短衫肚兜在零度左右依然出門。尤其在北方的海港，風狂雨大又怎樣？進酒館喝幾口酒，人就暖起來啦！

色都愛到不行。還不只女人，男人對於紫色、粉紅色的選用也比歐陸普遍上身。

一開始住進英國來，在電視上或街上瞧見男女的穿著用色，經常會讓我的眼睛驚訝又兼吃冰淇淋，即使冷冬寒天，照樣讓你看到肌膚外露與空氣相親。那是英國生活中的一大絕景刺激。英島到處都離海近，長約1千公里，最寬剛過5百公里，沒有一處距海少於75英里，而英國人就是不怕冷，短衫肚兜在零度左右依然出門，尤其在北方的海港，風狂雨大又怎樣？進酒館喝幾口酒，人就暖起來啦！

節約購衣有門道

英國好衣服要去哪裡買？行家會說不一定得去名品店裡當冤大頭，因為折扣戰經常來，慈善義賣店更不時會上好貨。只要懂門路，英國雖然樣樣都貴還是可以殺出一條生路來過活！

英國的服裝通賣連鎖店很多，要手製傳統的樣款，通常只在倫敦一些老店家才看得到。也因為這些年進口中國衣料與服裝的過剩，英國服裝連鎖店的折扣也超快，有時候打到新台幣3百元可以買兩件好毛衣的程度，要提貨在這種時候最值得。有些名品店也趕折扣戰，除了在平時就可能偷跑先折換現金之外，法定的季中、季末、耶誕或新年折扣季節，許多名品愛好者可是一大早就衝去門口排隊，為搶到自己心愛的款式不畏風寒、不在乎睡眠。

如果遊客在英國超手筆大搶購，之後可以問店家要表格，到機場離境前還可以去辦一點退稅。而在一般店家的折扣戰之後，還是會有倉庫放不下的存貨積存，我發現這些款式最後很可能都進入慈善店義賣。英國到處連鎖的各種義賣店裡鋪放的貨品，不一定都是平常百姓不要而捐出的二手貨品，有些可是從店家打折過久都還銷不掉的餘貨，直接捐到義賣店去銷。

這些「一手滯銷好貨」通常牌子都還掛在上頭，在義賣店的要價即使因為「新」而叫高點，也絕對比在店家折扣戰時還低，只要你識貨。但是有些超級名牌為了怕影響名聲，或不想讓一般人僥倖等好貨，會故意將品牌標示除去後才捐給慈善義賣店，只不過行家何須標籤？品質材料一摸就知道優劣。

一磅店也有好貨可挑

英國物價貴，窮人不少，可以給學生、窮人活下去的「應變生態」自然應運而生。像是到處都可以看到的「一磅店」，裡頭所有的東西都一磅，幾乎全是各種商店剩餘的存貨大集合，要修車工具、廚房碗盤、花卉種子、睡衣頭套、抹布餐巾、襪子襯衫、內衣內褲、大衣鈕釦到手套圍巾，樣樣都有。有時間進去晃一晃，經常可以找到便宜又大碗的實惠貨品。

①～⑦ 下班之後的英國女人，穿衣可就花枝招展到令人大開眼界。
⑧ 英國服裝店的折扣戰經常上演，有時間等一等就可以省錢買好貨。

學英國人講究「頂上工夫」

如果你在英國看到有人提著一個圓形大硬紙版盒上飛機或在街上走，不要以為他們是提著一個大蛋糕要回家慶祝什麼。這個珍貴又小心翼翼提著的紙盒裡頭，裝的可能不是吃的東西，而是很佔空間、慶典要戴的大禮帽呀！

沿襲貴族服飾傳統，英國人相當重視擺在頭上的帽子。從散步扁帽、大宴禮帽、男士高帽、女裝配帽、女皇帽到擋風帽，婚喪喜慶為了顯示特別的尊重，「頂上功夫」可不能不注意。而即使到了下層勞工階級，他們都還有標示自己階級意識的運動棒球帽。某種程度上在英國不必看到「人」，有時候光是遠遠地看那頭頂上的帽子，就可以做社會階級的劃分。

在英國，講究頂上功夫的人是會去禮帽專賣店挑買帽子的。這種店家光是櫥窗就很精采，裡頭盡是無數顆沒有下半身的頭顱，頂上戴著自由揮灑空間的曲狀物。在英國，帽子不但是意識階級的表徵，也是頭頂設計的創意，非常講究的人還需要專門設計，而專門為設計帽子所發行的雜誌，在英國還挺風行。

①～③ 沿襲貴族服飾傳統，英國人相當重視擺在頭上的帽子。

帽子愈貴尺寸愈詳盡

　　英國人的帽子跟衣服一般，戴上身就要論尺寸，而尺寸的講究程度，就跟價碼有關係了。也就是不那麼貴的帽子，尺寸只分大、中、小與特大號，你要想辦法用自己的頭去適應這四種尺寸；貴一點的帽子呢，才會開始分號碼，你要知道自己的頭戴幾號，就先得量一下。

　　更貴一點的，會在整號之間還分半號，跟鞋子一樣，為了這種區分你就要多掏些鈔票。以上所說都是平民買法，你要是貴如女皇、公主、王子、公爵、子爵或富豪名流等，那自然就不是用自己的頭去適應帽子，而是要帽子來適應你的頭，專人會來貴府「量頭定作」。

> 在1960年代之前，帽子是外出服裝的一部分，男人看到女士就是手往頭頂伸、拿帽躬身來致敬，女人更要有搭配服裝的帽子才能外出走動。

「Royal Ascot」貴族名流伸展台

英國帽子的設計多變，走一趟「Royal Ascot」就知道。這原先是賽馬競技的年度聚會，因為貴族階級的每年到訪，讓大會規定所有來賓也必須穿著「正式服裝」出席。這樣的規定變成所有女人們的頭頂與身上服裝的年度競技。男人們又要看馬又要看服裝秀，眼睛忙得幾乎要抽筋。而媒體攝影機呢，根本就專門跟著女人跑，於是媒體上很難看到馬匹在賽場上的努力，通常只有女人全身上下服裝的大別苗頭。

Royal Ascot可以回溯到1711年，逐漸演變成英國社交圈的重要聚會。尤其是有意接近王室、近親範圍的人，可相當注重這場交際。這還不是隨便就可以參加的，要參加有王室入場的聚會者，第一次的進場必須有人作保才行，而作保的這個人則必須有至少4次以上的參加經驗才具備作保資格。每年有約30萬的參觀人士出席Royal Ascot，對於英國服裝界來說，這更是每年獵取鏡頭與感想的大好機會。女士們尤其愛展現頂上功夫，隔天報紙或當期雜誌一翻，「奇帽比高下」年年都搶光所有的鏡頭。

英國人覺得一頂好的帽子可以增加你整體服裝的流線，尤其人們的眼光最容易從「頭」看起，有沒有一頂好帽子，流線的韻味就是迥然迥異。據說在1960年代之前，帽子是外出服裝的一部分，男人看到女士的標準禮儀，就是手往頭頂伸、拿帽躬身來致敬，而女人更是要有搭配服裝的帽子才能外出走動。當時沒有帽子在身，就跟打光腳出門差不多。戴帽子除了美觀還有健康上的原因，當時的醫生就認為，身體80%的熱量是從頭頂散發出去的，冬天戴帽尤其保身；而夏天呢，抗拒酷暑帽子也別有功能。

① 〜 ④ 從散步扁帽、擋風帽到制服帽，英國的「帽」色繁
　　　　多不勝數。

⑤、⑥ 不管是女皇老媽出個門、親族宴請或只是出去寄一
　　　　封信，英國講究穿著的老淑女都不會忘記要頂上加
　　　　工好看的。

學英國人派對禮服花樣多

因為派對多又喜歡熱鬧，英國人在禮服上搞花樣的能力很有一套。這裡禮服指的是晚宴、婚慶等正式場合的晚禮服。而別以為禮服就一定都正經，如果是化妝舞會的場合，不少的「變裝禮服」可有趣得緊，保證你眼睛掃到，嘴角就忍不住泛笑。

擁有自己的「全新」新娘裝

以現代英國人的結婚典禮來說，英國的準新郎新娘不是一起去挑禮服的。因為根據習俗，新娘裝在結婚前被新郎看到是不吉利的，所以新娘只好偷偷摸摸自己找人買辦，然後還要想盡辦法先藏起來。尤其是早就同居在一起的男女，這套捉迷藏的手續可費勁。據說有超過一半左右的英國新娘還是偏好買下禮服來穿，用租的人不到一半。原因在當新娘的就是希望那天「最新、最亮麗」，租來的似乎都是二手，有些人心理上就是不適應。

這些新禮服之後不是因為空間問題就是礙於婚姻難保，下場多是捐出去或是轉手賣掉。英國一位男禮服店經理對我說，在禮服上男人比女人更傾向租借，原因就是因為穿一次而已，就算以後再婚也不會穿

❶ 英國伴郎伴娘的服裝也不能輕忽，在色系上很注重與新郎新娘的搭配。

同一套，更何況還要搭配伴郎的穿著，所以乾脆就男人們一起去看看租下，從頭到腳就都有安排了。

賓主都要配合的 「主題婚禮」

因為結婚率下降，英國人一旦有婚禮可以舉行大派對，搞些新花招的心態就更強。有些硬就是要來場「主題婚禮」，來客全都要求「特殊打扮」才能出席，而古代馬車配車伕，或是南瓜馬車可都是要事先安排的。「羅馬婚禮」、「古宮廷婚禮」或「夢幻婚禮」就是這些類型，新郎新娘、主婚人到所有大小人都必須以指定裝扮的服裝出場。也有搞笑婚禮型，像是女方大紅盛裝、新郎卻是大猩猩打扮上場，這一套「美女與野獸」的絕佳搭配，甚至還招來媒體採訪，專訪新娘的感想！

英國伴郎伴娘的服裝也不能輕忽，在色系上很注重與新郎新娘的搭配。這些婚禮上的重要組成人物，其實在婚禮的前一晚，都還有男女分組出去慶祝「明日痛失單身」的重頭戲。

單身末夜狂歡派對

女性婚前夜慶稱作「Hen Night」，那一整組人就都要穿上挑選的服裝出席。最常看到的是一大批兔女郎，頭上長長雙耳、上身是肚兜閃亮罩，下穿超級迷你裙，全體在街上大呼大叫。也有死黨們偏好中世紀的修女打扮，只不過這些入世假修女可大方，高興起來還會牽手當街跳個大腿舞娛人樂己。要不就是一整批蝙蝠女俠、哈利波特女巫、內褲外露的小天使都有，這些我全都遇到過，弄得街上像是嘉年華會般，熱鬧得很。

只不過現代人忙，想要好好慶祝，又想隔天結婚的精神不受影響，很多這種慶祝於是都提前在婚禮之前的一兩個月舉行，而場地還可能鬧到國外去。像是我認識的英國新娘蘿絲，她婚前的「純女性派對」（hen party）就是組團去布拉格玩一週。男人的「純男性派對」（stag night）當然也別出心裁有搞頭。一起射陶鴿、出遊買醉、甚至買春……。派對的「團隊制服」，有些還要早在幾個月前就訂做呢。另外，同性戀婚禮的服裝通常也都別出心裁有看頭，巧思花樣都在慶典儀式中。

除了婚禮之外，年底耶誕節也是禮服的大銷季節，因為派對不斷，一整個12月都要趕場穿。要怎樣不跟其他的人撞衫，又能在不同場合卻同圈人士出席時，穿出有品味又與眾不同的禮服來，很多人可是在半年前就開始動腦筋的喔！

為英國婚禮勤練舞步全套應戰

英國人很有唱歌跳舞的天份，尤其是放得開的女性。而為了英國婚慶中的新郎新娘開舞，很多人還在半年前就請舞師來訓練舞步，期許在當天可以演出一支眾人難忘又掌聲喝采的舞曲。英國婚宴包下舞場是很普通的事情，裡頭當然附帶DJ，晚餐之後就是賓客下場，在新郎新娘的帶領下，開始一曲曲地跳到天亮。

PART THREE

HOUSING

學 英 國 人 住

學英國人
找修舊房
轉手熱賣

與英國人對酒精的熱愛比起來，他們
對房屋修繕的態度就實在不算熱衷，
但是因此也創造出另一個特別的市
場：那就是低價買入舊破屋，改良裝
修後再轉賣。加上英國貸款容易房市
活絡，這一類型「修屋轉手」的英國
人，運氣好的很可能快速致富，小屋
起家換大屋。

自己動手讓房價上漲！

跟德國人比起來，英國人不算是愛動手「勞作」的人口，而真的動手作了，危險還真多。英國報紙每年都會統計因為DIY而受傷的人數，那結果總讓人不免懷疑這個民族到底適不適合「動手」？英國的建築勞動市場通常是東歐或土耳其外勞的天下，要找還不大容易。我家屋頂漏個水，被放三次鴿子就是沒人來。倫敦的朋友還安慰我，她家屋頂都坍一年半了，修不好也難催趕，害她到現在依然住在外頭另租的房子中。

英國的老舊房子實在多，有些老到廁所還在外頭後院。所以新房子即使建材不好，就因為「新」，賣價還是三級跳。因此不少專家建議，如果你有主見有力氣又有興趣，年輕學生也可以買個老舊屋來全部自己設計，重整之後要自居或轉賣，都可能在房價上漲的途中撈一筆。這類「勇士」如果作出成績，還很容易上電視成為典範介紹給將來的子孫看，告訴人們這個社會在這方面充滿了商機。

在英國看租屋（To let）跟德國迥然不同。廣告上看不到坪數，只有幾房廳、前後院跟價位，好心的可能還告訴你有無雙層窗與暖氣系統。英國人不重精確，看租屋廣告就可以感受。問問英國人何以如此，他們的道理是看房子本來就要親自去，告訴你隔間就夠了，大小要自己去體驗。所以，你在報紙上看到了「兩房一廳」的廣告，一旦親臨可能會發現是在地下室裡，窗子不能開，每一房一張單人床都擠不進去。

從命名到樣式都充滿特色的英國房地產

要租房、買屋都要有一點英國概念，才好在英國混房地產。在英格蘭南、西南與東邊的傳統房屋型態是Thatched cottage。到了英北或愛爾蘭，不上外漆、原色裸露的石頭屋很流行，石頭也是就地取材，還可能是過去老祖宗去偷拆羅馬人建築的北方長城而來。礦坑屋、磨坊屋也流傳世代，裡頭已經變居家，外貌還是讓它古老依然。泰恩河畔也有其特色屋，就像我家現在租的這類型「泰恩公寓」（Tyneside flat）。上下兩層分兩戶，住上頭的一進門就是樓梯，所有東西都要自己往上提。

只要老房子還沒改建重蓋，房子的種類通常跟街名很有關係。像是街名是「台」（Terrace）的，通常走到那裡一看，就是一整排的聯排屋（Terrace house）。也就是除了前後牆壁與屋頂之外，你家的左右壁都是與鄰居共用的。這種聯排屋很能擋風，問題是如果你的鄰居吵，那真的是什麼吵架都聽得到。獨棟透天（Detached house）的也有，那就是房屋四壁不與任何鄰居相連，賣價自然也高些。島國地方小，英國的屋內空間設計都不大，而半獨棟的房子（semi）可流行，只不過你家有一面的牆壁就要跟鄰居分享。

所謂「工作室」（Studio）的住處最適合單身獨居或學生住，那就是客廳、臥室、廚房全在一間裡，隔間的頂多是浴室而已。「單層平房」（Bungalow）因為沒有夾層與樓梯，挺適合老人家居住。有時候這種房子又一分為二，讓人各住左右半邊。「別墅小屋」（Cottage）比較容易出現在鄉間，分地區與年代，外型還可以很不同。一般來說英國一樓（ground floor）比起二樓（first floor）的房價與租金都便宜，因為住

① 英國房市很活絡，貸款買賣都容易，很多年輕人大學還沒唸完就開始買屋。

② 英國老屋多修繕需求也多，工人難找也難叫。

③ 聯排屋（Terrace house）節省造屋空間在英國很流行。

④ ～ ⑤ 英國有人買老屋來改造，室內卻依然保留部分「老態」或老廚具。

一樓的必須忍受二樓在地板上的踏動。房子舊地板薄，如果住樓上的又是大胖子，那樓下的晃動就可能跟地震差不多。

英國人移居陽光國繼續修屋之夢

英國人找舊房子修的人不多，但是要也是挺執著，地區還會擴張到外國，尤其是找個有陽光的地方（A place in sun），這類型的「修房節目」還很受歡迎喔。城居久了的退休人士，通常有著移居鄉間享受陽光與田野的夢想。尤其是希臘、南法或者是西班牙等附屬小島，拿著退休金到那裡買個舊房子來修創，搞出一個在英國絕對不可能造成的理想之屋，有陽光、歡樂、休閒以及便宜的生活費，把陰冷雜亂的英國拋在腦後，招朋引伴真的可以快樂安度晚年。

學英國人讓老古堡風韻猶存

到英國一定要玩古堡，裡頭有著英國人對歷史典藏的自傲。古堡不一定都老舊，要看歷代維修的程度。有些古城堡已經敗壞成廢墟，有些到現在都還有人住。由於曾經是權貴的駐居所，從裝潢建築到戰略地位，英國古堡即使頹敗，都還是年華雖老，魅力猶在。

歷史古堡的兩樣情

以建於西元547年的英格蘭東北大堡邦布洛（Bamburgh）來說，屹立在北海岸邊的它坐丘望海，堡型完整外壁堅固，最後一任堡主勳爵阿姆斯壯（Lord Armstrong）的後代到現在都還住在城堡頂上。堡內有兵器室、大廳、迴廊與地下囚室開放參觀，堡外圍牆外台上大砲成排對海，城堡草坪上另設有博物館、馬廄等貴族配備建築。門票雖不便宜，但是一走進這個城堡地，即使在今日平民的世代裡，依然感受得到昔日的豪氣。

相對於邦布洛城堡的完整，廢墟古堡在我住家附近的首推當史坦堡（Dunstanburgh）。這個建造於1316年的戰略古堡孤零零地守望在北海邊，以殘破之貌面天對地。原來目的是在圍守北邊的蘇格蘭人，在玫瑰戰爭中很重要，歷

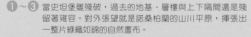

❶～❸ 當史坦堡雖殘破，過去的地基、層樓與上下隔間還是殘留著雍容。對外張望就是諾桑柏蘭的山川平原，揮張出一整片綠織如錦的自然畫布。

❹ 英國古城堡維修起來經費嚇人，但是古蹟維護還是不能免。

經至少五次易主後嚴重受損，終致撤守遺棄。到這裡行車難近，旅客必須從頗有距離的前頭鄉鎮開始步行，一路沿海近浪踏坡走山泥，在羊群的陪伴中，用朝聖的心情一步步前進。走進這個號稱諾桑柏蘭最大的古堡中，頹石敗姿雖孤屹，昔日的雍容卻還殘留著。過去的地基、層樓與上下隔間都還在，破的只是堡頂外牆。站在城堡高處，古時石窗現如洞，對外張望就是諾桑柏蘭的山川平原，揮張出一整片綠織如錦的自然畫布。

國家信託組織擔起保育責任

英國所有的古堡不是私有，就是由國家信託組織（National Trust）託管。這個組織於1895年成立，以收購自然土地來維護保育為宗旨，持有年費卡的遊客進入所有該組織的景觀點都免費。在1907年的國家信託法案（National Trust Act）通過後，法律就開始賦予這些自然保育地一種特殊的持有權——除非被國會啓動追討，否則信託擁有人得以永久持有土地。

這個組織於是成為英國生態維護的先驅，在與英國保育志工信託組織（BTCV）的聯手努力下，對英國的古蹟維護、山川保育具有可觀的成績。國家信託組織目前已經有超過3百萬的會員登錄，經營總面積超過了25萬公頃，共有300多個古歷史建物、農莊、鄉村或海岸線景觀點受到信託保護。有些入內需付費，有些則成為自然的開放空間。

魔法學園的古堡——
安尼克城堡

　　由於古堡太多，而且維修經費龐大無底，要如何競爭旅客，一直是傷腦筋的大問題。對此最幸福的要算是被電影哈利波特挑去拍攝外景的安尼克城堡了，從此「魔法城堡」開始上身，廣告好做人潮也多。安尼克城堡近7百年來都由伯西（Percy）家族擁有，這是個外觀很童話，主堡、圍城完整，前後門、牆都反映出軍事戰略設計的城堡。該堡硬體防修完好，花園精緻綠映，從貴族的居住空間看出去，很有川河之上唯我獨尊的氣概。

　　以這個城堡雄立為背景的畫面經常被挑選為電影拍攝場景。電影《俠盜王子羅賓漢》（Robin Hood Prince of Thieves）以及《哈利波特》是借用此處最有名的兩部片子。而魔法城堡在哈利波特的魔麾下，也確實將自己搖身一變為魔界的展示地。內廷中因此規畫出一個兒童古裝區，讓孩子們挑選自己喜愛的古裝，要當巫婆、武士或扮公主、國王都可以，在兒童遊樂設施的搭配下，孩子們還可以砍石中劍、耍大刀或下大棋，遠遠地就可以聽到兒童笑鬧的聲音。

　　安尼克城堡的護城牆上看頭也不小，號稱是歐洲私人保藏良好的文藝復興藝術雕工，從大師康那里托（Canaletto）、凡艾克（Van Eyck）到提香（Titian）的作品都有。城堡內部也開放部分，公爵的豪廳、大理石壁爐、精緻木雕牆飾與天花板處處見華麗。家族沙龍裡當然看得見英國貴族最喜歡掛的家族畫像，日日環視參訪的眾生。石雕巨立的守衛室中盾、劍凜然現殺氣。家族圖書館裡頂天木櫃透書香，整體參訪下來，感受到的正是英國古皇家在動、靜之間的矛盾與孤立。

①英國古城堡多居戰略要地，古堡戰爭擬真模型很受訪客的歡迎。

②~③英格蘭東北大堡邦布洛昔日的豪氣猶在，地下囚室模型很逼真。

④~⑦安尼克城堡的主堡、圍城完整，裡頭的兒童遊樂空間非常受到家庭旅遊的歡迎。

⑧、⑨不少英國古城堡為了搶經費，外租辦婚禮、劇場表演收門票都是生意經。

學英國
小村莊的
原味悠閒

到英國來瞧瞧，如果你只到過倫敦，那你就只認識過去皇家權力的集中地，現在成了觀光客的佔領區，典型的英國樣不在那裡。真正的英國在倫敦之外，尤其是小村鄉鎮的簡單，到那裡才聽得到正統英文、喝得到正規啤酒、聊得出英國人自覺得「正確的」歷史資訊，不是倫敦一堆的「外人經」。

被外國人佔據的首都

英國人很久以前就發現，倫敦是外國人的領地。我每次到倫敦也覺得像是進入化外區：賣我卡片的從摩洛哥來，賣我襯衫的是個俄羅斯女人；我在旅館早餐只聽到滿廳的義大利話，上了地鐵不是法文就是西班牙文；街上掃地的是不說英文的黑人，收垃圾的則是滿臉滄桑的中國老人。在路上要問路，終於等到一個不講手機、不咬三明治、沒有一臉愁苦或凶相的人，他卻笑笑對我揮手說：「No English」，然後指指自己：「French。」

要看英國「原樣」請走遠一點。不過倫敦之外的大城市雖不少，城市景觀的發展除了老房子的式樣之外，近代的「主街結構」卻非常類似，那就是你一定找得到書店WHSmith、超市Marks&Spencer、麵包店Greggs以及衛生用品店Boots。建議

> 英北的這類小鎮，逛起來要有一種探古尋往的心情，才看得見歲月留下來的精緻與魅力。

你不如走更遠一點，來趟原始的英國村莊小鎮之旅吧！英國這類小市鎮的規模都不大，歷史卻很強。像是屬於泰恩河中游的黑克森（Hexham），就是一個很典型的英國歷史小市鎮。

無限歷史魅力——黑克森

黑克森曾經是17世紀英格蘭的皮革中心，尤其是皮手套最有名。現在傳統都已經退去，市鎮上可以看到的是古董店、家具店或是食品店，曾經繁華的滄桑比比皆是。據說這裡現在時興的是高爾夫球、釣魚或是賽馬等等「現代玩意」，說來並不真正具有吸引力。英北的這類小鎮，逛起來要有一種探古尋往的心情，才看得見歲月留下來的精緻與魅力。

市場廣場就在教堂前，黑克森教堂（Hexham Abbey）是羅馬時代到玫瑰戰

英國小鎮有如黑克森面積雖小，卻原味道地。

爭時期（1453～1486年）的建築，有超過1300年的歷史，這座Abbey是鎮上基督居民的「精神活動中心」，婚喪喜慶都在此舉行。花園裡小溪叢林，丘高丘低，在這裡到處是閒情。教堂裡頭的薩克遜地窖（Saxon crypt）很有名，閒雜人等想進出卻要看時機。「鬼僧夜上階」在簡介上被說成是教堂的另一項特點，英國教堂有鬼出入似乎是普通常識，不用太恐怖。

❶～❻ 英國小市鎮的鎮容都不大，歷史卻很強。在這裡可以看到與倫敦完全不同的英國風貌，不少人認為，真正的英國要在這裡尋找。

一睹英國最古老的監獄

英格蘭小城鎮中通常都有博物館。在此處的稱做邊界歷史博物館（border history museum），裡面有著中世紀行政中心的市議廳，當時還是約克（York）主教的管轄地。英國最古老的監獄也在裡頭，另還有著邊界、武器與軍械的歷史事蹟。

沿著河岸往深處走，不久就出現林蔭大道，高樹兩旁繞。出了森林是橋下河邊，對面坡上居然是匹吃草的白馬，猛然一晃還以為是電影中的白色獨角獸呢！上到草堤左右豁然開展，草叢盡頭的居家開始回轉，好寂寞的一處人家。這裡像是被人間冷落的海角天涯，就見土牆一路，住家花園牆上透紅的棲楓正訴說著秋意。英國小村莊的原味就是雅靜悠閒，不管四季何時，來英國一定要品味。

搭帳篷遊小鎮，不亦樂乎！

如果你討厭大城市的喧鬧繁雜，走一趟英國的小市鎮一定不會讓你失望。英國朋友還告訴我們可以考慮露營旅行，在蘇格蘭只要眼光所及的區域無屋就可以落地；在英格蘭的法規較嚴謹，一定要在標示的露營地區才可以搭帳棚。這確實是英國越來越流行的外出方式，不少人院子裡就看得到露營車停靠，像是歐陸的荷蘭人，度假最喜歡帶著露營車跑。這種跑法在英國的郊區小村最實際，田野風情一路環繞，美得可徹底。

FOOTPATH TO
TORVER

CAMPSITES
AILING CLUB
CAP PARK

PART FOUR

TRANSPORT

學 英 國 人 行

學英國人善用旅遊資訊中心

在英國到處跑，一個最好的旅遊服務系統就屬「資訊中心」（Information Centre）了。不管你是哪一國人，只要會英文就可以上那裡找地圖、訂旅館、問路線、買簡介，對於人生地不熟的旅客來說確實很方便，即使是英國自己人到了異地都會上那裡求救的。

英國的「資訊中心」分布廣、功能大，好好利用能幫助旅遊，很少會讓人失望。其實英國人在路上大多很和氣，有問題只要能開口，多少都會有所解答。路人都答不了的，他們就會指引你去「資訊中心」問專家。「資訊中心」裡頭通常有專人在櫃檯負責，有的書面簡介要付費，有的可以免費拿，明信片通常都是用賣的，上前打探一下，多少就可以了解你目前的所在地，以及想去的地方。

超方便的代訂旅館服務

訂旅館也方便。我們在「資訊中心」訂過無數次旅館，即使走到當地還不知道晚上該落宿哪裡，張嘴問就行。他們會問你有車嗎？多遠的距離內可以考慮？明天的行程大概是哪個方向？價位在多少以下？然後，就在你眼前開始幫你打電話，一家

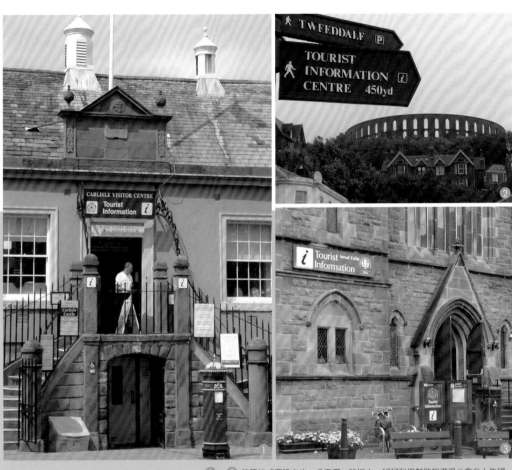

①～③ 英國的「資訊中心」分布廣、功能大，好好利用幫助旅遊很少會令人失望。

家問直到有空位又你點頭為止。最後是填表預收住宿價約**10%**的訂房費，而這個錢可以從你要付給民宿或旅館的住房價中扣除。也就是「資訊中心」通常是向民宿或旅館收仲介費，不是向旅客收費。

　　如果害怕不保險，先找電話簿打電話向「資訊中心」訂房也行。英國各處的民宿不少，青年旅館（youth hotel）也可以考慮嘗試。英國的青年旅館不一定要青年才能進住，好處是價位低、有廚房可以讓你自煮進食，壞處是大通舖的上下睡床，沒有隱私又易吵，有人半夜三點才入房找床睡，有人大清早四點就起床趕火車，如果你不是好眠人，請先慎重考慮。

> 到英國城市旅行，你可以先將重行李託放
> 在火車站，然後到資訊中心拿城市資料，
> 以資訊中心為起點，利用火車、長程巴士
> 以及當地交通工具進行旅遊。

利用資訊中心妥善規劃行程

以各地資訊中心為起點，你可以妥善利用火車、長程巴士以及當地交通工具。如果是在一個地點短程停留，可以先將重行李託放在火車站，然後到資訊中心拿城市資料，給自己規劃一個簡短的一日遊。

在英國搭火車跑的買票過程可分為到櫃檯先買預售票、網上訂購寄到家，或是到車站的自動販賣機買票。網上訂購也可以直接拿著代號到車站的自動販賣機取票。問題是如果代號輸入機器不理，那櫃檯小姐也不會理你。據說「正常處理程序」是打電話抱怨，取消舊票並重新訂票取票，因為「機器與櫃檯是屬於兩個不同的服務系統」！

櫃檯通常分為買當日票跟預售票的兩大邊，請先看清楚別站錯了，否則每一行通常都要排很長的。然後上車前先找電子看板，看你要搭的火車在哪個月台、今日準時與否？而如果火車時刻表出現差誤或是銜接的火車跑掉了，老規矩，火車站裡頭還有票務與旅遊中心（**Tickets and Travel Centre**）可以詢問，看要如何轉搭。而通常也一樣，要排隊等上好一會就是了。

英國許多較大的城市，當然包括首都倫敦在內，都有露天雙層的城市導遊巴士，只不過英國人畢竟是英國人，別期待他們會照時刻表上的時間準時進出車站，而且經常還靠站不停，你招手動作要是不夠快，買票之後要搭上都困難。地鐵也是溝通區域的好工具，請記住在倫敦的地鐵叫做「**underground**」，一出倫敦，不少城市卻把地上跑的捷運連結地下鑽的地鐵統稱為「**Metro**」喔。

①～⑥ 在英國旅遊不管要搭乘哪一種交通工具，找到資訊中心就可以問到苗頭。

有「歷史」的鐵路系統

英國的火車鐵道系統、倫敦的地鐵都是全球最古老的「交通史蹟」，裡面滿載著英國人對過往緬懷的驕傲。問題是老舊就需要更花精力維修，效率、轉車率、準時率都比歐陸國家低。不直達要轉搭的小地方更是吃力，我認識的一個英國大男孩，人在英格蘭的東北角修博士，家卻在西南角，每年耶誕節回家一次要轉搭4次火車，花10個小時以上才能到家。也因此很多人乾脆選搭長程巴士，像是National Express就可以上網購票，票價便宜得多，一路停停靠靠還可以下來吃個午餐，早上上車下午到，沿途如果天氣佳風光好，順便還可以讓眼睛來個窗外之旅呢。

◎英國長程巴士National Express
網上訂票連結
http://www.nationalexpress.com/home/
hp.cfm

王十字魔法火車總站

說到倫敦的火車總站，沒人不知道「王十字」（King's Cross）的大名。而這個大名在羅琳（J. K. Rowling）於20世紀末端出了哈利波特（Harry Potter）之後，更是魔法纏繞，硬就是擠出一個書中的9又3/4月台。王十字火車站的腹地不算大，第9月台之後的月台並不跟前面的8個月台相連，還自己有獨立的出入口。宣傳時期王十字會高掛哈利波特電影的宣傳海報，進去後在小小的第9月台上還可以看到「9又3/4霍格華茲」的標旗。但是根據我的認真考據，電影中拍攝的入牆魔柱子並非在第9月台上，而是在第4、5月台之間，因為只有該處有石柱圓型拱門，讓哈利波特推著滿車的行李穿牆進入魔法時空。一般往北開的火車多在4或5月台上車，要跟魔法月台揮手說再見可容易的呢。

① 倫敦「王十字」（King's Cross）火車總站曾經為羅琳（J. K. Rowling）的哈利波特（Harry Potter）擠出一個書中的9又3/4月台。

② ～ ④ 英國火車鐵道系統、倫敦地鐵都是全球最古老的「交通史蹟」，裡面滿載著英國人的驕傲，要用來旅行卻要懂訣竅。

小 心 街 頭
法 眼 C C T V
全 都 錄

在英國的大街小巷晃，如果小心點
你會注意到一個跟全球其他國家很
不同的景觀，那就是「閉路電視」
（CCTV）的裝置到處都是。在這個
全世界公共場所安裝閉路電視最多的
國家裡，你在外頭不管是挖鼻孔或是
擤鼻涕，都會記錄到監視器的錄影帶
中，還有人老在後頭看著你。

全球最多的街頭監視器

在英國，每個人可能每天平均「被錄
影」數百次，如果你老在街上穿梭晃動，
那420萬部天羅地網的閉路電視更是緊跟著
你，必要時警察還會找上你！不管你下地
鐵、上公車、進超市、去銀行或搭火車，
英國的這種公共監視器之多堪稱街頭法眼
四佈，以英國人口來說平均每14個人就有
一部監視器，密度全球第一。這是在愛爾
蘭共和軍於1992、93年接連以炸彈對倫
敦發動攻擊後，英國內政部狂灑下約5億
英鎊（超過台幣3百億）的「因應部署」。
而根據官方透露，到2012年倫敦奧運舉行
之前，英國還要增資擴充到8百萬部這類
監視器！

更進一步的還有，英國內政部提交給國
安小組的備忘錄中透露，以反恐為名還準
備在街燈上裝設特殊的Ｘ光鏡頭，這下子

自從恐怖活動橫行以來，英國內政部狂灑約5億英鎊（超過台幣3百億）裝監視器。到2012年倫敦奧運前，英國要擴充到8百萬部街頭監視器！

❶、❷ 英國街頭小心張望，抬頭很容易就看得到街頭監視器CCTV到處瞧著你。

路人可不只是被看到而已，而是從頭到腳都被透視，名義上要看的當然是有無帶炸彈或武器，但是人體隱私當然也逃不過這種「國家的眼睛」。事實上這類具透視功能的攝影機已經被普遍安裝在機場的安檢設備中。

監視器也要精益求精

　　無獨有偶的，英國警方還計畫在監視器上加裝高敏感度麥克風，也就是只要在其1百公尺的錄音範圍內，一有人提高嗓門就會有自動鏡頭對準聲源錄影。這種裝置可以分辨聲音的分貝、語調和講話速度，如果你在英國街頭動怒，讓嗓門變高、語調起伏、話速也增快的話，就會被鎖定成目標，不但錄影也開始錄音。這是英國在倫敦取得2012年奧運主辦權之後，為了加強安全而加設的公共控制設施。

　　可惜英國人並不以這些裝置自豪，英國民主國家的美譽也為此掃地。除了被冠上西方國家中對公眾監控最嚴厲的國家之名外，在國際隱私權組織的調查名單裡，這種「高權過控」的現象還讓英國與中國、俄羅斯一起被列入黑名單，嚴重侵害人民的私生活。除此之外，相較於德國、法國

①～④ 英國街頭不管是住家、河邊、橋頭、車站、市場、博物館或旅遊聖地，街頭監視器四處法眼，造就出一種特殊的街頭風情。

只對刑事犯的**DNA**建檔，英國政府則計劃不論犯罪與否，全民都要納入政府的**DNA**資料庫。這種做法讓專家很不以為然，質疑英國政府以反恐為名無限制擴張監控權，簡直是「把公民當嫌犯對待」。

「老大哥」系統效果有限

即使如此，根據聯合國與歐盟的連年調查，英國依然長居歐洲犯罪率最高的國家。首先是房宅遭竊率世界第一，造成了英國家家都裝有警報器，問題是響起來都沒人理，因為屋主自己誤碰的機率就不低，鄰居沒興趣。汽車遭竊、街頭搶劫、商店竊盜以及性侵害也都在西方國家裡數一數二。連我們的車子都在凌晨時分在家門前被三個英國孩子打破玻璃強行幹走，這些街頭暴力，即使是四處有閉路電視，卻絲毫沒有減低。

德國和加拿大都明文禁止街頭監視器，英國則與美國同步，沒有立法禁止這種公眾監控。英國政府自己都不得不承認，這種街頭佈局的全面監控，已經很有作家喬治‧歐威爾在《一九八四》一書中描述蘇聯共產黨對民眾監控的味道。光是倫敦火車站就裝上了1,800具監視器，倫敦地鐵有多達6,000多具。所以在這裡要提醒你，到英國來可別在公眾場合「太放肆」，因為從市中心、大賣場、火車站、幼小中大學校園、公園、海灘、停車場、機場、辦公大樓，到處都有人看著你。

英國交通、街道風情多

英國與歐陸國家在交通上最大的不同，在於車行向左，方向盤在右，與香港、日本同。所以在英國街頭經常可以看到要過馬路，頭卻不知道該往哪一頭看車的慌忙遊客。不少路面上也會直接噴漆寫上「向左看」、「向右看」等標語，問題是等你把路面的標示看清楚了，可能也來不及看車了。

英國人開車算猛，最令人吃驚的是公車也拼高速，這在歐盟國家裡可不多見。坐上英國公車的有趣在兩層，不少人專挑頂層坐，居高臨下一路可以看盡沿街風光。但是英國公車司機不太在乎住宅區的限速，於是左右晃動煞車前擺可平常，你要是老人或孕婦，自己要小心抓好別被摔倒。

從交通工具一窺英國小故事

在英國的交通景觀中，圓環（roundabout）不少當屬其中之一。這些圓環的規矩可不少，讓外國人經常一進去就繞半天繞不出來。此處圓環的主要目的是減緩車速，尤其是在許多交叉出口的「緊要關頭處」。裡頭還分三到五線道，看出口有多少，如果你走錯要出口的線道，那對不起請繼續繞，繞換到最後找

① 英國計程車小黑滿街跑，用電話叫車比較容易叫到。
② 英國路上很容易就看到這類紀念碑，可以帶出一段英國人的歷史。

到正確的出口道。還有這些線道中誰該先行，直行車要進圓環是該讓還是該走，搞錯了不但容易出事情，英國司機還會大聲叭你。我們一開始住在英國一衝入圓環就緊張，老是互相說著要小心呀。

計程車呢，英國的「小黑包」通常挺可愛的，有本事可能隨街叫，看司機理不理你。否則在機場、火車站、長程車站、公車總站或是大賣場的門口，都會有計程車專用道停著一整排讓人排隊上車。排隊對英國人可重要，你要是亂插隊一定會有人在後頭罵你。

而坐進英國的大小車裡，往外張望的享受之一就是觀看紀念碑（monument）。每一個紀念碑都有自己的故事，帶出一段英國人的歷史，如果有興趣下車看看，了解英國的捷徑之一就在此。

圓環的交通規則

在英國走多了圓環之後才明白，首先要知道你要出口的地名與方向，接著辨識圓環地上路線的標示，往南或往北選擇正確的線道走。通常外頭的車要插入圓環者，須讓圓環內的車先行。最後是看清楚出口路標，抓準時機離開圓環快點衝出去。

> ❝ 坐在英國的車裡，往外觀看紀念碑，可以
> 了解許多故事，帶出一段英國人的歷史，
> 了解英國的捷徑之一就在此！❞

英國的道路命名學

英國的路名也很值得研究，還絕對涵蓋在英國的交通景觀裡頭。除了一般的街（street）、路（road）、道（way）、巷弄（lane）之外，英國街道名都帶有一些市街房舍的發展意味。以我們住的街叫包世頓台（Terrace）來說，看上去就是一整列的聯排屋，跟陽台一點關係也沒有。有方向指標性的通常就會把東、南、西、北標出來，在小溪邊的街通常稱dene，公園旁的叫park，近廣場的直呼square，在林邊叫wood，綠野看得到green，大樓會出現building，死巷就稱close，庭院是court，花園直接叫garden，曾經有過小樹林可能現在還名為grove、車道躲不掉drive、溪谷稱vale、步道是walk、駐區就給它place、大道還是avenue、田莊叫做grange、以前可能的隱居地或密室之路就稱為mew、

應該是新月形的街道喊crescent。

這其中最離奇的是bridge，有些真的就在橋旁，有些卻怎麼都找不到橋段，別說是現在，以前也從來沒見過橋。連觀光導遊都說，他們自己考據了很久，沒有就是沒有，可能是取街名的人當年的「一種願望」吧。

看完街道名稱，其實有些地區名也很耐人尋味。我家附近有個地方叫做Killingworth，看到嚇一跳，難道以前曾經發生過什麼「值得殺」的慘事嗎？Dumpling hall聽起來也很好玩，似乎是一整鍋的水餃在大廳滾似的。英格蘭北邊也有華盛頓（Washington）、紐約（New York）喔，看來是有人從這裡把地名帶去美國發揚光大吧！這些地名還都算唸得出來，到了威爾斯或是蘇格蘭，有些名詞帶著雙d、雙y、連接zz的，簡直是不知道該怎樣用人類的舌頭捲出聲音來……。

① 路在哪裡？英國路上要找路名有時候要具有偵探的實力！
② 英國道路規劃要看新市鎮或是老地區，路名研究起來都挺有趣。
③、④ 英國街道風情多，春夏秋冬都有看頭。

街上看到英國足球迷請讓路

足球是英國男人最愛觀看的運動項目之一，與英式橄欖球（Rugby）以及板球（Cricket）號稱英國男性的「三大愛球」。但是路上看到英國足球迷可要小心，這些壯漢忠心兇猛世界有名。經常一場比賽在某個城市舉行，警察就得事先調兵佈局，因為英國足球迷跟比賽的對家球迷幹架起來，總是滿城風雨。所有歐洲警政局都有一份英國足球流氓的黑名單，裡頭全是肇事有案的兇狠大哥或小弟，一旦大型比賽在哪國舉行，該國政府都會特別情商英國政府在國內就「先下手」。也就是為防滋事，先行扣留部分前科太多的足球流氓護照，讓他們根本出不了國，請乖乖在家看足球。

PART FIVE

EDUCATION
學 英 國 人 育

學英國人說英語

英國人想當然爾說英語？錯了，住進英國來就知道，英國一國四、五制，地方語言多又奇，不是每個人都說你認識的正宗英語。而所謂正宗，英國人彼此還可以爭吵不休，你的還是我的對，當外國人的我們，只能閉嘴閃邊，看英國子民們自個兒廝殺對決！

① ～ ③ 正宗英語的書面寫法與美語有部分差別，拼起音來要注意「地區性對錯」。

擊潰外國人的英國方言

英國腔的英語，跟美國腔最大的不同是鼻音、以及對R卷舌的「盡力」。很簡單，我老覺得英國腔把sorry說成solly。而英國人聽美國人說話，也老覺得他們感冒該擤鼻涕，彼此嘲笑對方的英語。除了腔調之外，地方方言更具挑戰性。我住的地方在英格蘭東北邊的泰恩河畔（Tyneside），當地人說的是自己相當自傲的喬地（Geordie）方言，只要一開口就可以擊潰我。來這裡的前兩年，一跟喬地朋友上酒館就只能當傻子。一次艾瑪看著我笑說：「聽不懂是吧？別難過。我這南邊來的英國人，一開始前半年也不知道他們在說什麼！」三年半之後的某一天，我第一次在電話中明白了喬地朋友的邀約，高興得立刻打電話給老公說：「懂了，懂了，我聽懂了！我要出門買獎券紀念今天！」

不只是我，我家德國老爺天天上班說英文的，都要專程去買一本喬地方言辭典來，私下不懂時解密一番。媒體上報導的外國醫生也跟我有同樣的狀況。英國醫生很缺，一半以上需要外國進口。一個住在倫敦的法國醫生就因為聽、說不好倫敦東區的寇克尼（Cockney）方言而醫死了人被告上法院，他對法官說他學的是正統莎士比亞的文學英文，沒想到來英國生活後，發現根本沒有活人說這種高檔英文，反而都說著他完全聽不懂的地方語言，他盡力又無力⋯⋯。

而稍稍一查就知道，威爾斯人說威爾斯話，這與英語同時都是威爾斯官方與電視上的正式語言。蘇格蘭人除了說蘇格蘭腔重到不行的蘇格蘭英語之外，蘇格蘭高地以及離島地區，古話蓋爾語（Gaelic）在民間也依然流行。而走到利物浦一帶，那兒說的可是史高瑟（scouse）英語，因此利物浦人也被稱為史高瑟人，而要懂這種英文，段數也要很深。以上這些方言據說也都叫英語，只是我學過的都不是這種英語罷了，東方國家來的根本就只學過美語！

英人嘴甜如蜜

甜心、親愛的、寶貝⋯⋯，這不是我老公在叫我，而是走進英國傳統市場，賣家老是如此稱呼我。英國人對陌生人很愛在口頭上耍甜頭，我一開始買菜交易時都會嚇到皮皮挫，但是日久皮厚還會跟老公說，你不叫的我要去市場上聽嘍！英國人不一定舉止禮貌，但是挺要求口頭禮貌，有時候禮貌到拐彎抹角得過份，根本搞不清楚原意要說什麼！這之中又以英格蘭人最甚，我的威爾斯朋友、蘇格蘭朋友都抱怨過英格蘭人的這種習性，罵說：就不能給我一個yes or no，講了三個小時還是不知道要或不要。但是你問英格蘭人，他們卻會很驚訝地認為：直說不禮貌，對方對他們太直說，他們還會認為是人身攻擊呢！

> 英國人對語言可是喜歡模糊一把罩的。拒絕通常就說成「或許」（maybe），直到他們說「是」之前，這個「或許」就是他們不說出口的「不」。

一個頭兩個大的「英文」用法

除了口音之外，最離奇的還在用法。以北邊這句話來考你：「What are you having for dinner？」你會聽到這句話的時間通常是中午，而人家問的也真的是你剛剛午餐吃了什麼，你若是想到當天還沒吃的晚餐，那分數就扣光了！好，你不服氣問說午餐這麼問，那晚餐又該怎麼問呢？來，晚餐是這麼說的：「What would you have for tea？」錯亂吧！我住在英北6年多了，還是經常被搞得神經兮兮，不知道回問的到底是哪一餐呢！

拼法也有差異，過個湖或郡，搞不好就多個k或e。不過不要太不相信自己，有時候不是你「不知道的錯」，而是招牌真的拼錯。英國人寫招牌看來是不校稿的，常常看到chicken被拼成了chiken。英國人聳聳肩告訴你：「反正賣的都是雞塊就對了啦！」你掏錢他給貨，拼錯了還是一樣有交易。

英國人說話愛搞模糊

最值得比較的還有英語說法的不精確。我是個喜歡唸各種廣告辭的瘋子，發現在各家版本上，英國人最愛用的就是「XX可能是世界上（或某地區等可以自行置換）最好的XX之一」。似乎就因為不是最好，但是為了要擠進最好裡頭，就只好模糊「最好的樣本」，在捧說詞上動手腳。問題是既「可能」又「之一」的，說起來可多麼地沒自信。像是英國軍隊要募兵，電視廣告詞就是用：「英國軍隊可能是全世界最好的軍隊之一」（British army is probably one of the best army in the world.）這樣聽起來有很厲害嗎？既然「最」好了，還可以分出「之一」嗎？

①～③ 英語自成一格，要多跟英國當地人交談才能明瞭其中的趣味。

　　真的，英國人就是這樣說話的，比起德文的精確，英國人對語言可是喜歡模糊一把罩的。所以請記住，英國的拒絕通常就說成「或許」（maybe），也就是直到他們說「是」之前，這個或許就是他們不說出口的「不」，請不要錯誤期待，然後失望過多。

英語自成一格趣味多

　　住進英國最有趣的是，如果你以前學的是美語，那很多拼字都會出現「位置」或「拼法」錯誤的問題。最典型的例子是「中心」（center）這個字，英語拼法一律是centre，後面兩個字母是要調換過來的。「組織」（organisation）這個字呢，在英語中的拼法則是organization，可以看出美語中的「s」在英語中幾乎都喜歡以「z」來取代。英國人還喜歡將cheers當口頭禪，無論是道謝、敬酒、再見都好用。「Smashing」的說法也很特殊，如果你把零頭錢給得剛剛好不用找，或是什麼事情作得恰到好處，英國人就會大聲給你一個smashing喔！

學英國人提倡全民減肥運動

英國人實在太愛炸食與甜點了，尤其是外賣食物為了迎合市場口味，許多調味都過甜，加上部分人口不喜蔬果又不常運動，於是大號男女滿街跑，連小孩到貓狗都過胖，重到連政府都不得不將減肥列入國策，免得健保系統為了肥胖問題超支，年年虧損。

當減肥成為國家政策

根據官方的統計資料，英國每4個人就有1人過胖，僅次於每3個人就有1人過胖的美國，堂堂成為全球第2大、歐洲長年冠軍的大胖國。專家已經警告以這種「胖」法滾下去，到2032年時，英國會出現一半以上的過肥人口，而英國也將取代美國，成為世界第一大的「胖子國」。肥胖因素使英國人民平均壽命約減短8歲，問題還每年加劇，要刻意忽略都不可能。

數據顯示歐洲最瘦首推挪威，16人中才出現一名肥胖症。德國也胖，但過重者約佔總人口的11%，法國只有9%，以上數據都遠遠落後擁有過胖人口約25%的英倫大胖國。「胖國憂風吹」讓英國專家不斷警告，獎勵健康飲食已經箭在弦上，再不注意以後問題會更「大」。

讓英國頭痛的社會問題本就不少，但目前最大的就是過胖人口滿城跑。「電視、沙發、薯條的三合一世代」，已經被證實是「史上最肥的一代」。

父母帶頭的不健康飲食

於是英國電視的胖真人秀開始輪番上場，主要是教人如何正當吃食，這一看才發現有多少英國人平日是以巧克力維生，小孩更是一早吃甜食直到上床，蔬果完全不進胃。英國人的正餐本就少蔬菜，要也只有罐頭，許多人還沒吃水果的習慣，加上超級甜點的鎮日駐守，還有猛往嘴巴塞的洋芋片，這樣的飲食習慣怎麼「瘦」得了呢？電視上統計說，英國孩童每日帶去學校的午餐便當裡，有超過80%的打開一看是袋裝洋芋片，小孩放學在路上吃的呢，則是炸薯條跟巧克力，速食垃圾滿街都是，連父母都不吃蔬果，這要孩子從哪裡學習健康飲食呢？

讓英國頭痛的社會問題本就不少，但目前最現成的問題就是過胖人口滿城跑，新世代被稱為「電視、沙發、薯條的三合一

世代」，已經被統計數據證實是「史上最肥的一代」，年年刷新紀錄，最新的醫學研究說英國13歲少年男女的腰圍，比起20年前可足足寬了4公分，也就是現在的小孩需要大兩號的衣服才裝得下身。英國國會已經討論過無數次如何拯救這個重量級的「胖國問題」。公立幼稚園跟小學還因此得到國家的特別補助，讓孩童每月一次免費試吃水果，希望用「改變孩子的胃口」來救國。

減肥救健保？！

　　也就是為了終結英國的「胖人國世代」，英國政府已經將肥胖問題提升為「國策問題」。但是不少專家呼籲，政府學校只能做輔助，家庭教育還是最重要的。如果英國父母還是只喜歡把垃圾食品放進孩子的嘴裡，那「胖國之恥」可能還要綿延數代，不知洗刷的一日何在！

　　根據英國國家健保系統的統計，不良飲食習慣嚴重耗損英國的健保額，每年還以超過5億英鎊（約300億元台幣）的速度繼續前進，危言聳聽說以這種速度胖滾下去，遲早會壓垮整個醫療體系。英國飲食研究機構認為肥胖症根本肇因於該國「長期偏好不良飲食」與「過度依賴垃圾食物」，呼籲全國推動健康飲食，以避免糖尿病、心臟病、癌症與骨質疏鬆症的快速攀升。英國主要三個醫療團體就曾經聯合

提出過警訊，說依照目前的胖法胖下去，到2020年時全英國會有超過1/3的胖成年人，這還不包括胖孩子胖寶寶在內喔。

　　你只要在英國的路上隨便走走，尤其是北英格蘭，你一定會了解英國政府「胖到頭痛」的憂心所在，甚至還會舉起雙手一起呼籲說：「減肥吧，英國！」

胖國想徵肥胖稅

　　英國科學家最新研究發現，英國過胖人口在1980年僅佔總人口的8%，到了2006年卻已狂飆到23%。而英國健康發展中心也說，每年有高達3萬件死亡直接與肥胖相關。問題在英國的整個生活環境都在鼓勵致肥，許多食物都由澱粉、糖、油組成，一半以上的國民上街吃炸食、在家躺沙發、出門不走路。英國政府的初步行動是禁止垃圾食品在兒童節目中廣告，將垃圾食品分級後從學校販賣處下架，甚至想徵收「致肥食物稅」的考慮也已經提出。連帶的貓狗也過胖，有人已因寵物過肥而受罰，而電視上還正播出「天哪，我的寵物跟我一樣胖」的寵物減肥秀以警告大家。

1～3 漢堡、炸薯條、甜醬、洋芋片零食滿街都是，甚至不少英國學童的午間便當，一打開也都是這些垃圾食品。

4、5 胖人口英國居多，已經開始是政府的煩惱之一。

學英國鳥人給鳥一片天地

英國人賞鳥的活動已經蔚為風氣，更有整個群鳥被列為禁獵區，保護近200種鳥類的家。上頭鳥戶口比人的戶口還多，鳥兒們安居樂業，讓愛鳥人士們大飽眼福！

❶ 英國的鳥地方不少，公園、溪邊、海邊都可以接受「鳥的洗禮」。
❷～❺ 法爾恩群島上的「鳥住戶」多到驚人，愛鳥人士最愛來這裡窺鳥看天地。

住在英國，即使不是鄉間，都很難脫離「鳥氣」的襲擊。

我家屋頂的鳥巢群，每當春夏天的清晨一定會開張「屋頂鳥會議」，從清晨4點開始，吱吱喳喳讓人想多睡一點都不行。路上鳥群飛更不是稀有場景，鴿子在公園裡大搖大擺地啄食拉屎，則是屬於公共領域的必有光景。而湖區、森林、離島、自然公園地，更是鳥群一統天下四處橫行。這讓英國鳥人可樂了，一有空又天氣允許，就帶著午餐、望遠鏡等配備，攜家帶眷看鳥去！

保護182種鳥的法爾恩群鳥

以離我住家約兩個小時車程的法爾恩群島（Farne Islands）來說，就是英國沿北海岸島線上最有名的「海鳥禁獵區」。估計約有182種鳥類駐居，其中22種在這個

群島上孵育下一代，160種路過暫居。來到這裡，就是進入了「鳥天堂」的境地，群鳥交配、親熱、孵蛋、覓食、休憩、鳴唱，鳥兒以島為家滿天飛翔，過得可痛快。牠們習於被觀光，你走多近都沒關係，只要小心別掉下斷崖進海裡，鳥族可不會聯手救你。這裡的「鳥故事」天天上場，岩頭斷崖處可看到孵蛋母鳥在巢中守候、覓食公鳥回巢勘巡。

法爾恩群島上的「鳥住戶」即使沒有戶籍卻是有人定期清點的，根據最近的「鳥口普查」，在夏天當上萬隻海鳥前來築巢時，盛況可達海鸚類（Puffins）約7萬隻、海鳩類（Guillemots）4萬隻、海燕（Fulmar）500隻、水老鴉（Cormorants）400隻、絨毛鳥（Shag）1,300隻與棉鳧鴨（Eider Ducks）約1,000巢等。另外還紀錄有尖嘴海雀類（Razorbills）、三明治燕鷗（Sandwich Terns）、普通燕鷗（Common Terns）、薔薇燕鷗（Roseate Terns）、北極燕鷗（Arctic Terns）等數量不少的海鳥聚集。

嚴格限制人類的打擾

在這個島上漫遊，人的限制比鳥多。不但漲退潮時間會讓旅客進出受限，每年5月1日到7月31日的繁殖期間（breeding season）還只開放下午而已，目的是為了「鳥孕婦族」的心情，怕人打擾影響繁衍後代。4、8、9月的觀光客出隊也只有從上午10點到下午2點的4個梯次，不是人要來隨時都可以。在那裡鳥要怎麼飛都行，人呢，要聽船長的話，他說能靠岸才可以，如果這位大人物判定天候與自然狀況不佳，即使鳥島在望，也保證你的鳥行程就立刻泡湯。

法爾恩主島（Staple Island）上尖峰岩石多。一般人不能隨便登陸，但是海雀科家族可愛死這裡了，海雀、海鴉四處殖民。海鴨類的Puffins是法爾恩群島上的最大勢力築巢族，報告中估計一度有35,000對在這島上生兒育女。這種鳥只在夏季才回棲息地孵蛋，鳥人告訴我牠們一年中有超過7個月的時間是待在海面上。國際愛鳥人士可把這裡當成自己家，不但每年自己來，還帶著兒女孫子來連看好幾代。

春夏季，賞鳥人不可錯過！

我們常跑的基德湖（Kielder Water）

> 在鳥島上漫遊，人的限制比鳥多。不但漲退潮時間會讓旅客進出受限，每年5月1日到7月31日的繁殖期間還只開放下午，怕人打擾影響繁衍後代。

① 、② 英國可以賞鳥的地方多有專屬保護區，人類只能駐足觀望或查閱看板，不准隨便入侵。
③ 英國市場上要買賞鳥書很容易，證明愛鳥人士確實佔有固定的市場。
④ 英國沿岸的居家屋頂，春夏天經常就是這種龐大的「鳥盛況」。

位在北英格蘭與蘇格蘭的交界處，這裡的「鳥種名單」拉出來也是一串長，稀有美鳥從茶隼（Kestrels）、雀鷹（Sparrowhawks）、鴞隼（Merlins）、隼（Peregrines）、蒼鷹（Goshawks）、鶚（Ospreys）等，仔細端出望遠鏡來找，聽說都能找到。海鷗（gulls）一年四季都看得到，交嘴鳥（Crossbill）也到處跑，斑紋蠅捕鳥（Pied Flycatcher）、紅尾鳥（Redstart）在哺乳期更是主要群鳥。

如果你喜歡，英國是有不少的鳥地方，可以讓你鳥人鳥事盡興無比。也許不必遠行上鳥島，到公園、溪邊看看湖裡的天鵝、鴨群，到海邊瞧瞧岩崖上的海鷗築巢，甚至鄰家花園裡就有群鳥棲息。看鳥在英國是屬於春夏天的盛宴，如果你也喜愛大自然，一定要讓自己去接受一下「鳥的洗禮」。

鳥島深多沒人鳥你

法爾恩群島位在英格蘭東北角的北海上，除了海鳥四處棲息之外，這裡也是大西洋灰海豹的重要殖民地。法爾恩內島（Inner Farne）僅16英畝大，登島不但需要付船票也必須付登陸票，每個小時有一趟解說員出隊。除了燈塔之外，法爾恩內島上的所有建築物都是歷代僧侶的傑作。現在沒有僧侶的鳥島，幾乎全部讓給鳥住，成為了不折不扣的「鳥天下」。英國鳥人最愛搭船過來，帶著背包乾糧，小椅子在岩石上一張，坐下來就老神在在地跟鳥混一天，再搭最後一班船過水回家。只不過英國國家信託監護人每年只進駐9個月看守自然生態。冬冷季節，島上就呈現鳥去人空，真正「沒人鳥你」的狀態。

英 國 離 島
風 光 真 正 棒

對很多英國人來說，倫敦是一個外國人群聚的昂貴首都兼商業城，在路上很難聽得到英語，英國文化也被國際化逼到角落去。要看真正的英國一定要到鄉間走走，而沿岸的離島風情，更是值得探勘的好境地。

到歐克尼群島走走

英倫四周的大小離島加總起來有超過100多個。這些都是不同於英國主島的「邊環生命領域」。英國的離島幾乎都是一整群，像是高緯度又風狂物資稀的歐克尼（Orkney）群島，隨便數數都有70來個大小島。其中只有16個有人跡。人們主要群聚的兩個大島，也不過寬約30、長約53英里而已。一眼望去包海四平，就算有丘陵也多在1千英尺以下。在北、南島與主島的畫分下，海岸線長達570英里，全群島總面積只有376平方英里（約974平方公里）。

相對於東岸多沙灘，矮叢、滾石四處，西海岸跟蘇花公路相似，但是略低又蜿蜒陡峭，海水日夜沖激，獨矗峭岩滿目。歐克尼的意思是「海豹群島」，到這類離島上參觀，更能夠了解北歐遊牧民族的早年

> 歐克尼島上的大站石一定要去瞻仰，據說原來有12個團列，紀錄也可以追溯到西元前3千年之久。

足跡。據說從西元800年到1700年中期，歐克尼島上都還是說著古斯堪地那維亞語。像是島上首府科克沃（Kirkwall）之名，就是古斯堪地那維亞語中的「教堂海灣」。

緬懷5千年前的人類遺跡

在這些離島上，時光的流逝完全抹滅不了過去的遺跡，像是可以回溯到5千年前的大站石與古墓，就是旅人不得不停下腳步的巨姿丰采。1850年被颱風不小心颳出來的地下古蹟史卡拉‧布瑞（Skara Brae），被英國慢條斯理的考古學家挖到1930年才完全出土。有人認為這座地下土房舍村落可以追溯到新石器時代末期，也就是西元前3千年的古人類石屋巨作。當時看來已經有火爐、門、床與牆等住房設計。

離島能說出上古史，無論如何都很吸引人。相對於6月夏天有18個小時的日照，這裡12月的白天只有6小時的光景。冷冬對於歐克尼來說漫漫長，島民的生活方式就是群聚在火爐前聊天弄音樂。看看史卡拉‧布瑞出土的中央火爐位在每一個房舍的正中央，以正方形石堆暖爐系統讓人引出5千多年前古生活的遐想。

歐克尼島上高過人頭的大站石一定要去瞻仰，像是3大1小的史當耐斯立石（The standing stones of Stenness），約6公尺高直直矗立在島上，這也是島上站石的最高紀錄，據說原來有12個團列，紀錄也可以追溯到西元前3千年。這些立石在19世紀可是有名的「月亮神殿」，還持續被使用到1841年。

基督教搖籃的「聖島」

在上一篇所述的法爾恩群島附近，一旁有名的聖島（Holy Island）上頭就有基督教聖跡可尋。聖亞當（St. Aidan）與聖卡伯特在西元7世紀於此散播基督教思想而獲得「基督教搖籃」的稱號。島上的修道院博物館（Priory Museum）現在歸屬於英格蘭國家遺產，林地斯法爾恩城堡（Lindisfarne Castle）則交由英國國家信託局管轄。島上跟法爾恩主、內島最大的不同是脫離「鳥世界」，有住家、教堂、博物館、咖啡館、店家、旅遊中心、酒館跟釀酒廠（St. Aidan's Winery）。

在海岸線退潮時，聖島是跟英倫本島相連的，有車道通路可行。但是漲潮時就阻絕天地，真正成為孤島一座。漲潮時間如果用划船上聖島，可觀的自然資產則是小海豚。英國的每一個離島都保存著自己獨特的風光，要古可以說古，要自然更是瀏覽不盡，對於離島不少的台灣，實在值得借鏡。

歐克尼新生兒喝威士忌招福

歐克尼島群位在蘇格蘭東北外海，從最近的蘇格蘭海港史魁伯斯特（Scrabster）搭船過去需要90分鐘。因為緊握北海與大西洋的交接口，該島在大戰中都成為軍事要地。在歐克尼島上的婚喪喜慶中，威士忌一直是重頭大戲，而且還得在出娘胎就「開始受訓」。

據說一些剛落地的小嬰兒，父母用湯匙餵進嘴的生平第一口飲料就是威士忌！傳統上為了祝福，最好還可以用銀湯匙來餵這第一口，以確保新生兒日後的幸福富裕。島上居民說過去很多窮人家根本不可能有銀湯匙，於是變通一下，去借一個銀銅板來放在湯匙中，再倒入威士忌給嬰兒嘗。到現在島上村民還會用威士忌來打濕新生兒的頭以「帶來幸運」。而不只是出生嬰兒要嘗酒，島上提親帶禮也是用威士忌來表誠意。

學英國人酷愛找不到的水怪

英國人耍鬼搞怪是很有天份的，而探訪英國也老有這樣的印象：古堡要有鬼，湖中要有怪，如此名號才會響噹噹，到處惹人愛！英國湖裡有怪的首席代表，當然是享譽國際、明明找不到卻被深信有的尼斯湖（Loch Ness）大水怪南西。為了這位「大」姑娘家，我也走訪數次尼斯湖，可惜就是見不到牠的倩影呀！

幾乎蘇格蘭的所有大湖都稱做「Loch」，跟英格蘭的稱呼完全不同。而有趣的是，「Loch」在德文中意思是「洞」。所以攤開蘇格蘭地區的地圖一瞧，滿山遍野都是這些「裝了水的大洞」。這也難怪，蘇格蘭高地的煙霧水氣濃又多。主要是大小湖泊太多，光是散發出來的濕氣就經常籠罩遍地。車行上下蜿蜒中，透過霧氣老是發現身邊又有「水洞」。籠罩在這種霧氣中確實很容易覺得，不見鬼也「怪」得很。

世界知名的尼斯湖水怪

大葛蘭（Great Glen）村地區就住了一位舉世聞名的「永久住戶」在大湖裡，害我每次經過總要特別留意，意識中就讓眼光四處竄流，希望透過霧氣可以不小心見識一下，可能在大霧天出來散步的水怪南西（Nessie）！認識南西是我的童年記

> 蘇格蘭高地大小湖泊太多，煙霧水氣濃又多。籠罩在這種霧氣中確實很容易覺得，不見鬼也「怪」得很。

憶，在我當年無聊到不行的參考書中，一次居然在趣聞軼事欄中見到了南西。至今參考書中的東西全部都在記憶中被毀，但是南西就是在，沒想到現在還住得離我頗近。想到這點就得意，當然要同意英國人即使找不到，也死要承認南西「存在」的決心。

其實越找不到水怪，尼斯湖就越神祕。許多旅客跨洲越洋要來「撞怪」，就是衝著這個解不開的謎。蘇格蘭的公路比英格蘭大也維修得好，但是環湖因為地勢關係，很多區段十分狹窄。尼斯湖因為霧氣重，如果不是夏天，能見度更是低。這種局面正是造就神怪的最佳氣氛，別說是撞到水怪，根據統計，蘇格蘭人還是號稱看到幽浮出沒的最多人口呢。

◎尼斯湖線上資料

http://www.lochnessguide.com/

為何尼斯湖裡出水怪？

尼斯湖是英國本島上最大的一個淡水湖，從茵佛內斯起向西南拉長，長約37公里，平均寬度只有1.6公里，端坐在高地大峽谷斷層的中央，與另外2個小內陸湖將高地一切兩半，因長方狹窄狀，被當地居民形容成「上帝的一滴眼淚」。這個淚滴湖平均深度超過了180公尺，湖水充沛。魚類據說多生存在湖面下約30公尺處的溫水層之上，之下的水溫常保約攝氏6度左右。就因為水溫的差異，很容易產生蒸汽，形成了水怪出沒的最佳背景。水怪南西被描述成像長頸恐龍般，西元6世紀末據說曾被愛爾蘭傳教士聖哥倫巴打敗，之後不曾擾民。1930年代不小心被一對路經湖畔的夫婦撞見，但媒體所傳照片經證明後卻都是造假，從此沒有人真正再親眼遇上過這隻大水怪。

堅絕意志打敗科學觀點

　　英國人已經花了許多精力、募款無數還啓動了最新科技來找南西，但是不管怎麼找，南西都剛好不在家，科學就是顯不出證據。不少心理學家也被找來闡釋「何以英國人就是要南西存在」的心理狀態，而答案卻似乎很簡單：人們希望牠在，潛意識會告訴眼睛去看「自己希望看到的東西」。於是科學家在大霧中插了一根竹竿在湖畔做實驗，問卷調查路過的當地人，而居然超過6成以上的人宣稱「看到了南西」！

　　英國人在堅持南西存在的觀點上，意志堅決得驚人。他們才不理專家，市井說法就是強過科學實證，還反擊說科學目前無法找到牠，是因科學技術還有限；反過來說，科學也無法證明南西確實不存在呀！所以勸君讓步，就別跟英國人「爭怪」了，至少在英國人的心目中，牠確實世代都存在。

　　仔細瞧瞧，會發現住在大葛蘭村附近的居民不但不怕水怪，反而還很榮幸有怪相鄰，為他們帶來龐大的觀光利益。在湖裡找不到南西別擔心，在那附近到處晃晃，你可以看見南西的分身到處矗立，那是一個「南西的帝國」，英國女皇在當地恐怕還沒有這隻水怪受歡迎！

1、2 尼斯湖洛齊旅館門前的大南西，彌補了遠行而來卻撞不到真水怪的遺憾。

3 在尼斯湖北畔的厄哈特城堡（Urquhart Castle）是尋找水怪中的另一個意外美景。

4、5 蘇格蘭區湖多山多水氣濃，大霧裡經常讓人有即將見到水怪的神祕感。

6、7 尼斯湖水怪的觀光價值很高，難怪當地居民說什麼也要堅持有「怪」相鄰。

8、9 蘇格蘭高地水多景美，隨便走晃就嗅得出跟英格蘭不同的風味。

英國皇室效應
深 入 民 間

即使媒體負面的渲染不斷,英國皇室在民間依然具有龐大的關注力。這是英國傳統的一部分,也是英國社會成長的一部分。英國人民即使不像過去一般地尊崇王室,卻也完全不想花力氣排除他們的地位。王室就是英國,英國就有王室,就像格林威治標準時間一般,全球都公認他們的存在。

英國與歐陸的丹麥、荷蘭、挪威、西班牙、瑞典一般,民主革命沒有革倒王室,君主立憲依然讓王室安存,而皇室的效應也猶如傳統,深入民間無孔不在。從加冕、婚禮、生子到各種節慶,皇室的排場總是讓民間垂涎驚艷,而民間的節慶如果能夠有個王室人物出席,那更會在事前大肆渲染,引發的爭睹人潮就是票房的最佳證明。

揭開王室的神祕面紗

英國王室中最有名的國王,應該算是專愛砍老婆頭的亨利八世,而最有名的王妃呢,自然非黛安娜莫屬。英國曾經為了爭奪王位而爭戰不斷,君王至今依然在名義上代表著大英帝國,統領英格蘭、蘇格蘭、威爾斯與北愛爾蘭四個領域。女王也是英國國教的名義上教主,專門出席國家

❶～❸ 王室就是英國，英國就有王室，民間到處看得到他們的存在。

慶典、代表國家接待外賓。但是她雖然主持著任命首相的角色，卻完全沒有施政實權，只在每年新國會會期的開始有權發表一篇「女王談話」。英國君主必須全盤接受民選國會的施政決定，頂多只能建議、警告或鼓勵政策，絕對不能干預。

英國皇家對於群眾只能在節慶儀式上演講說點場面話，傳統上禁止皇家對外發表任何「施政感想」以影響群眾。像是王儲查爾斯王子老是忍不住對於環保、西藏等議題發表公眾性質的「個人看法」，就深受外界批評，並被警告一旦當上國王，這些言行要被完全禁止，只能在慶典儀式中致詞。

徹頭徹尾的階級國度

從皇室蔓延開來，英國的社會階級性可以說世代都沒有泯滅，民間社會崇尚名流生活的興趣盎然，媒體也在這種導向下嚴重獵取、偷窺名流生活，有時候嗜血的程度令人髮指。

問題是媒體推給群眾，認為是群眾愛看刺激媒體供給；而民眾則推給媒體，認為是媒體自己踰越禁忌嗜血拼業績。在英國電視上經常看到所謂的「名流」（Celebrity）節目，人民確實也愛跟著名人時尚穿買服飾，在環環相扣的刺激中，最令人驚訝的是，皇室名流即使沒有政治實權，掌握時尚權力的影響力還是大得所向無敵。

其實外國人一向在影片上看到的英國，幾乎都是彬彬有禮的貴族階級，他們受教育、有財產、能出遊、穿著住處享受都一流，但是大眾階級的英國則是另一種截然不同的狀態，要真正住進英國裡，親身體會才能明白。

> " 英國皇家對於群眾只能在節慶儀式上演講
> 說點場面話,傳統上禁止皇家對外發表任
> 何「施政感想」以影響群眾。 "

英國整個社會雖是福利國制度,但是在柴契爾夫人主政後就幾乎又回到濃烈的資本主義社會,談起社福還是遠落後於北歐國家。買爵位的狀況更是未曾稍減,自古以來這就是富商巨賈受封晉爵的「名流升級」手段,即使是現今的政黨,也都不吝以此招財。尤其在1957年之後頒布新法,英國首相可以任意頒發貴族頭銜讓其進入上議院,這些號稱為終身貴族(Life Peers)的原先設計是要來擔任「工作貴族」(working peers)的,也就是取代那些不喜歡出席的「世襲貴族」,專門出席上議院聽取議事。

上下流階級太分明,多少製造了下層階級一些不切實際的願望。有些人為了享受一下「上流感受」,還不惜花重金租個大房子,僱用一些由私人公司短期供應的私僕,暫時享受一下有管家與家僕、被人伺候的「有錢人生活」。而這就是英國,傳統中混雜著階級意識,階級意識又血混著傳統,外人也只能觀望,完全拿他們沒辦法。

英國媒體嗜血有名

英國媒體老愛認為自己反映民情,深信被愛被恨都有賣點,只要挑起人們愛看的興趣,即使身敗名裂,當成名人鈔票就會跟著你。像是《誰想當百萬富翁》節目裡被判刑的詐欺者、爆料跟首相梅傑上床,進而寫書的情婦、《名人老大哥》中侮辱印度女星的英女,有故事就可以,臭名一樣裝滿荷包社會橫行。這種心態嚴重鼓勵了不擇手段的惡劣,因此名人飽受騷擾,媒體可能買通你的女僕或奶媽、派專人翻你家的垃圾找故事寫。英國人普遍認為可以成名是「得之於民」,那受點騷擾給大家有看頭有飯吃可就正是「還之於民」。在德國還有隱私保護法可以打,英國不但沒有這種法,要打官司也有得賣,媒體不管輸贏其實都賺。英國媒體的嗜血之有名,在歐洲堪稱第一。

1 ～ 3 英國王室中最有名的國王該算是愛砍掉老婆頭的
亨利八世，他的幾任老婆都死在他的手裡。

4 、 5 英國家僕制度在貴族階級依然普遍存在。

6 ～ 8 英國民間對黛安娜王妃的追憶處處可見。

英 國 人 的 自 卑 與 自 大

英國可以驕傲的東西不少，像是建立了最早的議會制度、曾經轟動全球的「日不落」殖民霸權，只可惜這些都是過去的榮耀，而只能對過去驕傲的民族，多少都會處在緬懷過往光榮，以及對現今不滿的自卑中。

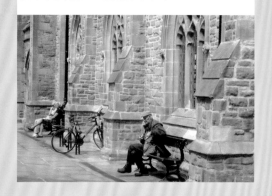

比較我「流竄」過的歐洲幾個重要國家，很奇特的發現是，英國人最是處在這種自大與自卑的極端搖擺中。在歐洲政治圈裡，他們老站在一種歐洲情婦的地位，也就是歐洲聯盟裡的老大是德國、法國，眼看著這兩國比以往都交好，基於歷史上的世仇與現今擠不進核心的忌妒，英國的情婦心態是離不開又扶不正，說到歐盟就口氣悲憤。

英國的地位向來靠美國，同說英語跟歷史背景讓英國成為了大西洋兩岸的橋樑；但也僅是「橋樑」，只在溝通上需要，英國想躍升為主導地位，實際現況就是難。在這種背景下，在英國談歐盟遇上的態度經常是嗤之以鼻，與跟在德法兩國談歐盟的態度大相逕庭。

英格蘭有自己的國慶與國徽，慶祝起來很少看到大英帝國的米字型國旗高掛。

英國國慶日須知：

英國的國慶日（national day）可不同天，想要慶祝要看你住在哪一邊。

1. > 威爾斯：國慶日是三月一日，稱為「聖大衛之日」（St. David's Day）。
2. > 北愛爾蘭：國慶日是三月十七日，稱為「聖派翠克之日」（St. Patrick's Day）。這與愛爾蘭共和國的國慶同一天，也是所有國慶中唯一休假的國定假日。
3. > 英格蘭：國慶日是四月二十三日，稱為「聖喬治之日」（St. George's Day）。
4. > 蘇格蘭：國慶日則是十一月三十日，稱為「聖安德魯之日」（St. Andrew's Day）。

各地區的「國旗」與國標色彩不同，打起比賽來的對立，比跟外國隊相拼可不相上下。

Do you know……

令人汗顏的現代英國「榮耀」

偏偏在現實社會中，英國可以拿出來擊敗鄰國的驕傲又不多，還舉得出數據的幾乎每一項都不好看，像是通貨膨漲、物價超高、人口超胖歐洲第一，青少年懷孕、酗酒率也老是歐盟國家裡最高；聯合國兒童基金會（UNICEF）評估的兒童福利指數總在工業國家裡墊底，環保績效被評估得也都不好，國民犯罪率卻長居西方之冠。在這個國家裡每家夜間俱樂部都設有專業警衛，商家白天站在門口的守衛也成為常態設施，以防止全歐洲商店偷竊率最高國家的扒手橫行。

對於這些現代的「榮耀」，英國人酒醉飯飽都會自己拿出來開玩笑，但也只准「自己」拿來說笑，你當個外人可以在這種時候陪陪笑，否則他們一定會罵你不夠

幽默；但是如果外人敢主動拿這些難堪來說笑，小心他們會防衛性的反擊，還告訴你全世界都一樣，立即呈現出絕對的捍衛性自大。英國人是喜歡對方示弱的；想說英國人不好，適度的幽默可以，多那麼一點，不舒服的氣氛立刻會浮上檯面。

英國人酷愛小團體

英國人愛結成小團體，小團體代表著分裂，卻至少在某種利益下可以顯現團結。英國內部是嚴重分裂的，所謂的「大不列顛」（Great Britain）包含的只有英格蘭、威爾斯、蘇格蘭以及部分離島。全英國的正式名稱卻是「聯合王國」（United Kingdom），那就要將北愛爾蘭再包含進來。

問題是政治上的妥協並無法真正融合種族，我老聽到英格蘭人抱怨蘇格蘭人太直，威爾斯朋友受不了狡猾的英格蘭上司。而說到一起看足球，那更是別期待蘇格蘭人會為英格蘭隊加油。

> "
> 跟英國人開會要注意,他們不習慣直接點出缺陷,甚至會認為這是人身攻擊。有時候話題繞的太遠,到最後連自己人都抱怨開會沒有實際意義。
> "

迂迴成性的英國文化

這也是跟英國人開國際會議要注意的,他們不習慣直接點出缺陷,甚至會認為這是人身攻擊。問題是有時候話題繞太遠,到最後連英國自己人都抱怨開會沒有實際意義,因為沒人敢說或想說實話;真的想要知道消息,要有自己桌下的小團體,就像寫出《傲慢與偏見》的英國女小說家珍・奧斯汀(Jane Austen)所描述的英國社會一樣,那不只是19世紀,到現在還依然通行。

讓英國人驕傲的還有成為國際通用語言的英語,問題是這又牽扯出另一種自卑,因為英國人就只會說英語,隨便跟歐洲哪一個鄰國相比,人家的國民多少都會

1

2

①、② 英國人對過去的自大混合著現今的自卑，情緒很複雜。
③、④ 北愛爾蘭國慶日稱為「聖派翠克之日」，是所有國慶中唯一休假的國定假日。

兩種以上的語言，裡頭就包括了英語。我的英國房東花大把鈔票把兒子送去歐陸學法文，結果只把英文練得更好回來。兒子跟他媽媽說每個人都找他「練英文」，所有人都會說英文，沒人要跟他講法文呀！在英國團體中，他們經常一聽到外語就靜寂，因為那是他們不知的領域，對於不知，他們有著比別的民族更多的難堪與恐懼，而面對的態度通常就是迴避。

但是英國人會對陌生人微笑，他們認為這是一種禮貌。阿嬤、阿公隨便就會跟你在公車上搭訕。他們通常會說請謝謝對不起，習慣排隊買東西，會在比賽後稱讚恭喜對手表現出風度，認真起來也可能是毫無轉折地固執，在沒有酒精的催化下還是很保守害羞。

只不過英國人可容易變臉，有時候人還沒轉身，笑臉已經變成鬼臉；不太習慣守約省時講效率，對於精確度，你最好一開始就忘記。抱怨更是民族性之一，任何機構都設有申訴專線，即使是警察局。雖然最後不見得有人處理，但是英國人就是相信：「話說出來，有益身心。」尤其是來杯茶好好說吧，這就是典型的英國風情。

英國國家代表隊的與眾不同

英國一國四制，除了英格蘭之外還都各有自己的國會，與中央政府分權管理地方。而有趣的是，英國許多比賽的國家代表隊不是像德、法等國是挑選精英，代表國家組隊出線；而是英格蘭、威爾斯、蘇格蘭與北愛的自有隊伍對抗後決勝選出，而結果通常也都是由「英格蘭隊」代表國家出隊。所以像是足球國隊到了海外，還是只稱英格蘭隊，完全不叫做英國聯隊。外國媒體誤稱錯報，英國島內媒體還會笑這些人是「把英格蘭誤以為是全英國」。

而因為地區分治嚴重，其實在媒體上看到的官方報表，仔細瞧都只涵蓋著英格蘭與威爾斯地區，蘇格蘭與北愛在絕大多數的場合都因自治而除外，後者另有自家的官方統計系統。

學英國人來點英式幽默感

英國人很能、也很愛開玩笑。任何事物、舉動、劇情被他們看在眼裡，總要說上幾句話來展現自己的幽默。如果你沒有幽默感，英國人一定會笑你。問題是有時候幽默過了頭或者是根本不對味，英國人自己也會翻臉起鬨。

曾經有一則笑話這麼說：如果啤酒裡發現了一隻蒼蠅，德國人會用鑷子夾出來研究細菌，法國人會拒絕付賬，美國人會找律師，而英國人呢，只會幽默幾句就讓它過去。真的，英國人確實是這樣的。他們以幽默為傲，最好還能在人前展現出不愛計較，再嚴肅的問題也喜歡幽默處理的態度。

英國人喜歡在笑鬧中展現自己的智慧，也深信幽默與聰明相連結，不管別人同不同意，他們就是認為沒有幽默，枉稱為人。

隨處訓練英式幽默

看笑鬧劇要笑得出來，需要深切了解其笑點歷史的文化背景，這也才知道可笑的牽連性。與英國朋友出遊數次，對於他們能夠坐在電視機前開玩笑的能力總是很驚訝，一整天放棄窗外田野風光只呆在別墅小屋的沙發上，電視節目裡的任何一句話他們都能端出來引申笑話，還可以這樣從早上玩到晚上。

英國電視上的搞笑劇之多，也在歐洲居冠。其中黑色笑話更是讓你笑得痛心。英國幽默劇可以拿政治、歷史、人性、動物的任何主題開玩笑，也許是個性衍生的自作自受，或者是天不時地不利的錯舉，測試人性極限邊緣的創作絕對可以讓人笑裡藏刀卻酸淚腐心，這種幽默尤其在英國笑鬧劇（comedy）中區分得出層級，裡頭蘊育的是笑點無限的精緻與功力。

不幽默，枉為人！

英國人喜歡在笑鬧中展現自己的智慧，也深信幽默是與聰明相連結，不管別人同不同意，他們就是認為人性裡沒有幽默，枉稱為人。幽默甚至還是擇偶或維繫感情的重要原因之一，好幾次聽到英國怨偶拆夥，理由之一居然是對方失去了幽默感，生活變得一點也不有趣。

只不過英國式的幽默也可能是粗糙或無聊的，像是拿蛋糕砸臉、在朋友醉酒後剃掉他的一邊眉毛或是在頭髮上開一條空降跑道，這些自己玩得很高興、但是朋友事後通常會生氣的玩笑，也只有英國人開得出來。有時候很難跟英國人講玩笑的界線問題，因為一談到這個，馬上會得到的反應是：太嚴肅啦，真沒幽默感！

真正經，還是搞幽默？

不難發現，英國人在幽默裡是有矛盾的。尤其不是每一個人都有幽默的本事，但是在一種自以為是討人歡喜或愛現的心理強制中，就是有不少人跳入這種「必須幽默」的泥沼，弄巧成拙反而不討喜了。

這種酷愛幽默的民族性，好的方面是很多事情都可以依照英國人的標準來輕鬆處理（easy going）。問題是經常到最後，你很難拿捏到底他們什麼時候會正經，還是只是在「正經地搞笑」而已？這種民族性成為一種普遍的生活態度後，最後就演變成一種凡事容易不精確的態度，該嚴肅的時候難正經，像是把羊腦當牛腦研究了3年後才發現樣本錯誤；房子蓋到一半才找出結構圖有問題；訂做的廚具等了半年，運來卻發現根本裝不進廚房裡⋯⋯。我的許多英國朋友都發生過這類

事情，這時候的他們就會生氣，再幽默也救不了實際。

尤其要注意跟英國人約時間，千萬別使用「下一個」（next）週五這種約法，因為有些英國人認為的「下一個」是跳過即將到來的這個之後的下一次，而不是「即將到來」（coming）的這一個週五。還有一種「兩週」（fortnight）說法也要小心，無論如何用日期來確定是最保險的，至於到時候他們還能不能記得，反正你是無法掌握的。

好處是英國人聳聳肩，一杯茶或酒在手，天南地北閒聊就過去。他們跟陌生人也很容易就用開玩笑扯起來，讓氣氛活絡愉快。於是你可以聽到英國人取笑德國人生活太嚴肅、法國人說話太粗魯，而德國人與法國人卻經常對英式的鬆散建構感到驚恐刺激，難以理解。沒辦法，民族性不同，生活態度就是不同呀。

①～⑧ 不只是劇場、化裝舞會或萬聖節，英國人愛開玩笑的個性在各個角落都可以顯露，連街頭藝術、警察與耶誕老人家都可以共襄盛舉喔。

學英國賀卡一年穿四季

英國是一個講究言詞表達的族群,而在特別的節日裡,語言表達還需要搭配卡片而出,用此代表一定的情意。英國的賀卡習俗因此穿越四季,專賣店中的卡片更是洋洋大觀,有些甚至連固定的回卡都已經印好俗有的簡稱與規格,讓人只要簽名表意就可以寄送出去。

英國人不只在生日、情人節、母親節、父親節、復活節、耶誕節等日子送卡片,要表達歡迎、道歉、感激、熱戀、邀請,以及為了離職、週年慶、退休、搬家、生孩子、結婚或迎新,送張卡片都是不可少的「英國禮」。還連接到婚禮的邀請卡片後,要回應是否參加或是致意,都有一定格式的回卡。

小小賀卡學問大

我們在英國第一次接到英國朋友的婚禮邀請,就對於上頭所寫的「回卡簡稱」一頭霧水。跑去卡片專賣店一問,老闆娘問我是要去參加還是拒絕參加?原來這還分兩種卡片喔。我說要去,於是他帶我到一排小賀卡前說,就這些讓你挑。婚禮主人為了讓賓客可以狂歡過夜,要我們將過夜旅館錢夾在回卡中寄回。所以,不管去或

英國人不只在生日、情人節、父母親節，要表達歡迎、道歉、感激、生孩子、結婚或迎新，卡片一張都是不可少的「英國禮」。

不去看來都不能不回，更不能不用制式卡片回。

英國的賀卡眾多，買卡人不只是挑節慶名稱、外觀設計，也挑內文寫好的辭句。而通常就在那些印好的鉛字下就直接簽名，很少人會在上頭又寫一點自己的肺腑話語，除非，真的是有非常非常與眾不同的交情。因此英國卡片如果是用塑膠袋包裝起來，也就是買帳後才能拆封的，通常會在封面上印製本卡片內文空白（blank）或是直接點出內文印製的賀詞為何，好讓人不必拆封就可以決定是否適合，該不該買。

① 、 ② 賀卡表情意，在英國相當通行。

③ 英國超商與書局聯手卡片回收，耶誕節才過的一月開始就大爆滿了！

④ 英國生日賀卡是照壽星的年齡印製，到高齡95歲都找得到數字相應的卡片。

母親節、耶誕節卡片不可少

　到了母親節這種大日子，特製的母親卡更是狂銷，約2,500萬張在一週內飆售是近年來很平常的母親卡銷售量。當天再搭配一束濃郁香花，英國人就是這樣一年一度謝母親的。要提醒的是英國母親節不在五月，而是以四旬齋的第四個星期日、也就是復活節前的週日為「Mothering Sunday」。傳說可能是英格蘭當時有許多窮苦的孩子遠到富人家裡幫傭，為了表達對英國母親的敬意，可以特別在這一天准假回家探親團聚並捎禮示意。

　而據此習俗還發展出一種特別給母親的蛋糕。英國的父親節在六月的第三個星期日，與台灣不同，但是跟法國、荷蘭、馬爾他、加拿大等國都相同。當然這天也是少不了賀卡滿天飛的。

　年底最後一個固定的賀卡飆售期，當然非耶誕節莫屬。不僅僅是耶誕賀卡要別緻，禮物上通常也會有張小小的賀禮卡貼著或掛著。否則禮物那麼多全包裝堆在耶誕樹下，誰知道打開的這包是誰的巧思？我家德國老爺自2001年來就被聘到英國北

> 英國的賀卡眾多，不只是挑節慶名稱、外觀設計，也挑內文寫好的辭句。除非交情不同，少有人會在上頭寫一點自己的肺腑話語。

邊的大學工作，他們實驗室裡一位很慈祥的英國送信老媽媽安，每年一定會準時在十二月二號開始發送給所有同事的耶誕卡片。安媽媽的耶誕卡於是成為一種揭開年底大慶的警告卡，到手就知道時間不多，該好好準備啦！

第一張在英格蘭出現的耶誕卡，據說是在1840年代首度寄出。這種習俗立刻被大眾廣泛地接受，每年底的這個時節是郵差最繁忙的季節，十多億的耶誕賀卡會在英國的家庭與家庭、人與人之間傳遞。我原本

以為這些賀卡都會是年老時翻開記憶的紀念品，沒想到英國居家地方不大，這幾年幾家超商與書局聯手鼓勵卡片回收，結果耶誕節才過的一月，就可以看到回收卡片箱大爆滿，卡片全都被丟出來了呀！

學英國人將土坑變身伊甸園

英國人的環保業績不若其他西歐國家亮麗，但是只要能力可及，他們還是有心一比。位在英格蘭西南角的人工伊甸園就是由垃圾場回收而成，從高空下望六角蜂窩狀型的半透明建築，活像是蝶蛹蜷蜷鋪在人間的地表上，精緻美觀耐人欣賞。

這是英國西南康沃爾郡（Cornwall）的一角，讓受夠英國陰冷大半年的人們也有一個不用奔去西班牙或南法的地方，一進溫室就可以好好享受「人工打造的熱帶」。

陶土坑變身全球最大溫室

這地方的原址是個背負180年歷史的舊陶瓷土坑，平均深達60公尺，最深處有80公尺。1991年路過的史密斯（Tim Smit）跟朋友尼爾森（John Nelson）開始做夢，討論說可以來個全球最大的溫室，重現另一座「黑麗根失落園」（The Lost Gardens of Heligan），這可是英國最有名的植物園之一，也位在康沃爾郡。這兩個傢伙討論到最後，卻開始讓伊甸園的構想佔上風。1995年設計滑鐵盧國際車站的設計工程師葛瑞蕭（Nicholas Grimshaw）應允為伊

伊甸園區六角蜂窩狀型的半透明建築像是孵蛹,內外都是大賣點。

甸園畫結構圖。這個設計模型在1996年初首度曝光後就為伊甸小組獲得了更多的經費支持,1998年開始動工。但過程並不順利,大雨阻斷工程加上排水不良之外,地下水源又冒出擋路。1999年恢復工程後還必須移除約180萬噸的廢棄物。整個計畫耗資8,600萬英鎊,2001年才終於大功告成,正式對外開放。

整個「伊甸企劃」(Eden Project)最具號召力的,就是那遠觀就懾人的半透明六角蜂窩狀半圓頂群。這是由德英工程專家搭建而成,007電影在《誰與爭鋒》(Die Another Day)一片中就採用過這個背景鏡頭,讓女主角瀟灑地飛身而落。據統計數據說從這裡正式開張後,就成為英國打敗哈利波特城堡魅力的前三大旅遊熱門勝地。這些六角形的片塊全是由鋼管組成,總共有726片,每片上頭都覆蓋著EFTE輕塑膠材料,在地面試拼無誤後,再由起重機吊起來拴連成結構體。其結構只有玻璃重量的1%,下頭沒有支撐物,就靠四周12公尺長的鋼釘做固定。

> 這裡的半透明六角蜂窩半圓頂群極為懾人。室內的熱帶溫室植物區全球最大，維持在攝氏18至35度之間，還有人工瀑布與噴霧專門製造熱帶濕氣。

要進到這裡來，可以直接開車，也可以搭專用巴士到半山腰，一路從山坡上慢慢走下來，品嘗遠觀之後近玩的感受。我個人覺得像是探訪外星人的基地，神祕、摩登的氣氛一路伴隨，花圃、吊橋與雕刻的設計精心，木雕、鐵塑、甚至稻草人都造型有趣，每一步都有驚喜，栩栩如生又風韻獨具。

在溫帶建立專屬熱帶的植物園

整個伊甸園除了戶外庭園植物區、展示場與遊客中心，室內的主要建築就是熱帶及溫帶植物兩個大溫室，蛹狀透明，由嵌在山壁裡的遊客中心相連接。走進熱帶溫室就一股熱濕的水氣衝上來「熱擊」。只看到女人忙著挽頭髮，男人開始猛擦汗，寬衣解帶的動作一致有序。熱帶溫室植物區（The Humid Tropics Biome）號稱是全球最大的溫室，室溫日夜維持在攝氏18至35度之間。裡頭滿佈熱帶的植物與花草，人工瀑布與噴霧盡職地模仿著熱帶濕氣，還可能撞見蜥蜴、蝴蝶等熱帶生物竄行。這裡栽植了約兩千種熱帶植物，從非洲、海洋島嶼、南美洲等地而來的香料、花卉、蔬菜、穀類、水果及各類雨林植物都有。

跨入溫帶溫室植物區（The Warm Temperate Biome）氣溫立刻稍降。這裡有美國加州、地中海、南非等綠木及沙漠植物，其中鐵塑藝術雕像也相當吸引人，配合著不同節慶還可能會出現表演或現場演唱會。伊甸園戶外庭園植物區就必須選種，能夠適應英國四季的植物才能在外頭活下去。內外比較一下，不光是眼睛，連皮膚的感受都可以馬上告訴你，差別實在不小矣！

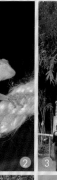

1 ～ 4　走進熱帶溫室就是一股熱擊，除了滿眼的熱帶植物與建築外，還可能撞見綠蜥蜴竄行。

5 ～ 7　伊甸溫室中除了植物，橄欖油貯存、藝術雕作以及現場演唱也是玩賞重點。

8 ～ 9　伊甸園外區氣溫陡降，但是遊樂設施與草雕還是飽眼好看。

學英國人
搞笑義賣
弄　鈔　票

英國是一個很講究表面功夫的國家，
而良好的公共形象要靠口碑，至於
口碑的建立，在英國的遊戲規則就要
透過慈善義舉。英國名人尤其需要這
些形象，而「紅鼻日」就是個大好時
機，上下一起嘻鬧瘋狂，為慈善組織
募款要鈔票！

由名聞西方的「搞笑救濟」組織（Comic Relief）總動員，每兩年特別找一天全國一起「裝瘋賣傻」，在「紅鼻日」（Red Nose Day）的號召下，所有機關行號到媒體一起動腦筋玩花樣，搏君一笑讓鈔票進帳。募款作善事完全不必正經八百，一天之內就可以募到天價的慈善款項，不但成果豐碩，大家還都開心得笑哈哈。

一顆紅鼻子造就滿城歡樂

通常在籌備期間就紅鼻滿天飛，熱鬧的氣氛興奮異常。而當正式的日子來到，每天的慣性義務就會被擺放在一邊，從蘇格蘭、威爾斯、北愛爾蘭到英格蘭都要人瘋瘋癲癲，想點愚蠢的笨舉動來募錢。我親眼看到笑嘻嘻的人們戴上紅鼻子滿街跑，有的染紅整頭髮，有的扮成紅衣小飛俠、紅色小精靈或是紅魔妖精出現，紅阿嬤配

紅阿公推著紅寶貝孫也出場，有人甚至把辮子跟朋友綁在一起，上下電車都拉得對方哇哇叫；還有人把紅內褲套上頭，一路紅到讓人忘不了。

英國公司這天可能不正經度日，像是助理接掌主管，好好利用這天「復仇到底」（不過接下來的日子可要更小心）。學生們也等到難得的「解放日」，脫下制服不守規定上學去，一下子學校裡不是出現蜘蛛人，就是不會飛的蝙蝠俠和你招手對望。還有些學校舉辦「義賣老師」大會，學生串通好讓老是板著臉的校長流標，全體笑彎腰用「沒人要你」的姿態讓校長難看。

> 「紅鼻日」是在1988年首次登場，希望年輕人
> 認真看待搞笑底下的嚴肅意義，並愉快地達到
> 募款的目的，自娛娛人，窮荷包卻開大心。

❶、❷ 英國紅鼻日上下到處通紅，尤其是鼻紅髮紅，蛋糕也要紅。
❸～❺ 紅鼻日也有其他搞笑項目，像是服裝秀、吃餅競賽、給蛋殼創意打扮、義賣蛋糕等，要錢很有一套。

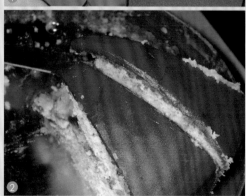

搞笑花招也能上報

　　這種搞笑行舉實在太適合英國人的口味了，老是有人一年半載前就開始周延設計，如何裝瘋賣傻讓自己一砲而紅。其實

紅鼻日搞笑功力一流

　　「紅鼻日」是在1988年首次登場，在英國喜劇演員的大力贊助下，第一次紅鼻現身就募到了1,500萬英鎊！從此英國搞笑演員就與該組織合作上了，加上「運動救濟」（Sport Relief）的特別策劃，每回的數目都非常可觀。在英國除了屢破捐款紀錄，「同時最多裸體人同時登台」的紀錄到現在還繼續維持著，沒人打破呢！搞笑救濟組織呼籲，希望年輕人認真看待搞笑底下的嚴肅意義。只是再嚴肅的議題也可以愉快達到目的，不是愚人節，也設法「自娛娛人」，窮荷包卻開大心。

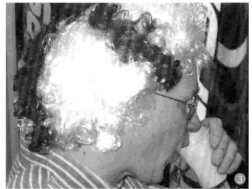

做些糕點、貢獻飲料也算出力。我家老爺的實驗大樓在這天例常舉行一場「搞笑服裝秀」，第一名的獎勵是一瓶白葡萄酒。派對上還有各家媽媽自己烘焙的糕點供應，看秀大笑隨便吃，只是別忘了在捐款箱中丟些錢，一整天笑下來結算後，再以整個機構的名義捐出。

我笑了一天之後最喜歡讀點隔天的報紙，赫然發現還有其他的搞笑花招，像是有人把大紅鼻串成項鍊來戴，戴頭戴脖子戴手腳都隨你。還有廚房清掃工特地情商，準備了一大缸香草奶昔跳進去「洗香澡」給人看。這位媽媽可肥得可愛，那種香妃風情實在讓人很難不掏錢捐款。晚上當然會有英國

人上酒館續攤，醉酒笑說一天事。回家的人也沒閒著，特別笑鬧節目上名流輪番出場，觀眾笑看一邊玩電話捐款，剛好遇上整數捐款者還能得到幸運贈獎。

只不過每年此時的搞笑救濟組織都會提醒民眾，不要隨意被路上或直接闖門的要錢者欺瞞。為該組織募款者都有登記編號，沒有編碼的人都不是真的。「搞笑救濟」的幽默名堂是在1985年誕生，耶誕節首映就在英國國家廣播網第一台播出。隨後由美國、德國等其他國家聯手擴展成全球性組織，每兩年挑選春天三月的某一個週五，全球同步舉行。

學英國人延長義務教育

英國教育兵分兩制，也就是英格蘭、威爾斯與北愛爾蘭一制，蘇格蘭自成一制。義務教育從5到16歲，公立學校原則上不收費用，私立學校不但收費也限制名額，有些還要求父母定期到校作義工。

由於英國公立系統是花國家納稅義務人的錢，所以原則上不收16歲以下的外國學生，短期寒暑假要來學英文的都要自付費用。而不管公私立，英國教育系統都提供了相當不錯的學前教育，讓3到4歲的孩子就可以上幼兒班學習團體生活。而3歲之前的也有安親班等配置，讓父母親帶著小嬰兒來唱唱歌玩遊戲，談談育兒經。

爲了前途讀私校

英國的私校系統相當發達，不少家長為了孩子的前途，為考上私校都還要給孩子加強補習，一位朋友就給她4歲的兒子補說話、補儀態、補數學，否則很難擠上這位母親想要的那間貴族學校。私校也是唯一能提供住宿的「全居教育」之處，一些權貴父母實在無暇，最喜歡的就是把孩子送去當哈利波特，學期中全部住校，放大假

才能回家。私校通常提供5到13歲英國孩童的基礎教育，到了11或13歲，看程度就開始進入私立中學。

英國孩童如果走公立系統，5歲入小學到11歲為止是小學（Primary）課程。義務教育（Compulsory Education）直到16歲，中學（Secondary）要準備的是普通中等教育資格考或者是同等資歷考，來當成結業。外國學生來英國唸中學的比唸小學多，但是多在私立系統中才有名額跟機會。英國中學不分初、高中，從中一到中五（Form1~5）共5年，普通中學證書稱為GCSE，成績將事關是否繼續升學。所以英國的義務教育學制為小學6年、中學5年、大學預備2年，原則上是13年。

原則上，英國孩子在16歲的義務教育之後，就可以合法地離開學校出外獨立工作。但是大多數的孩子會選擇繼續接受第三級（Tertiary）的進階教育（Further Education），這相當於台灣的高中課程，為繼續升學接受高等教育（Academic Route）或是接受某種職業訓練（Vocational Route）作準備，若要走學術路線，其17、18歲時必須參加的高級普及教育證書考試（A Level）的成績就相當重要，這也是申請大學的基礎門檻。英國約有600多所公立和私立學院開設這類教育課程。

英國高等教育狠要錢

一般估算出來的英國留學「生活費」，在倫敦、劍橋、牛津一帶最貴，基本費用在7到9千英鎊之間跑不掉。其它英國各區看城市大小費用不同，但是6到7千英鎊也需要。學費則以大學文科最便宜，理科其次，醫學等需要特殊用材的科系最昂貴。目前外國學生平均學費都需要1萬英鎊（約60萬元）起跳，住宿費有無另計要事先看清楚。博士學位通常至少需要3年，學分修完只寫論文期間可以減少交費，各校規矩不同，多到櫃檯詢問打聽就對了。

❶～❻ 英國教育體系兩制三系，從幼兒到大學都有關照，還公、私兩套系統供選擇。

學費昂貴的高等教育

　　通常18歲時所有中學教育完成後，依照成績就可以開始申請大學名額，或是入社會開始賺錢。大學以上的教育稱作高等教育（Higher Education），包括大學科系專業、研究班與MBA。

　　英國約有90多所大學和50多所高等學院可供選擇。這裡走的是美國系統，高等教育也是國家經濟的主要來源之一，外國學生尤其是主力，視科系而定要繳交比英國學生貴上3到5倍的學費。英國高等教育的政策是高學費、短時程、密集教學快速畢業，所以只要認真有心又準備好鈔票，進得了入學門檻來就讀的，通常畢業就不是問題；因為很多大學為了下年度招生廣告的考慮，會大幅限制教授當學生的比例。

　　英國因為高學費制，給學生的優惠因此有著配套設置，除了就讀半年以上的海外留學生可以免費享受健保（NHS），學期間還可以作每週最多20小時的打工，寒暑假另可作全職工，留學生的未成年子女可享受公立免費的義務教育系統。問題是在英國讀書除了龐大的學費之外，每年調漲的生活費、住宿費、交通費、簽證費也都很驚人，大城市例如倫敦的消費又比其它中級或小城市貴很多。要來英國唸書，算盤一定要先打好。

　　除了蘇格蘭要求大學4年制之外，其他英國地區通常3年就可以讀完（醫學、牙醫、建築、景觀、獸醫系等至少5年），1年期碩士更搶手，兩個學期一過學位就到手，博士課程通常需要至少3年的時間，先修課後寫論文。英國學制分1年3期，繳費一次繳1年。我的英國房東布萊跟我訴苦說，他們夫妻倆為了兩個兒子的高等教育，跟銀行貸款了6萬英鎊（約360萬

元），現在英國又調高了高等教育費，1人1年要3千英磅呀。我說那還因為你們是英國人，少繳了呢，很多外國人1年要繳超過1萬英鎊喔。我的英國房東張大嘴巴說：哇，這些外國人真有錢，這種書怎麼唸得下去呀？

延長教育，一技之長強迫學習

英國教育部不久前宣布，計劃將英國義務教育年限由16歲提高到18歲，並視義務教育為強迫教育，違反者將遭到懲罰。求學意願低的學生可以兼職，每週工作時數以20小時為上限。英國教育部認為16歲的年輕人離開學校後若無一技之長，將對國家社會造成問題，進而阻礙經濟發展。因為英國教育部統計，目前16、17歲的年輕人既沒就學也沒就業，更沒接受任何職訓的人數，十年來急速上升已攀達22萬人，高佔同齡人口的9%。延長義務教育是為了拯救失學、失業又不具備工作能力的年輕人。

① ～ ③ 英國人口口聲聲都強調不同種族彼此的「互容共居」。
④ 英國貓一點都不怕人，還見到人就過來喵喵撒嬌到實在令人好笑。

學英國人各種族互容共居

翻開英國史跡，官方白皮書自始就承認這是一個移民島國，祖先就是歐陸居民，外來族群落地生根的歷史悠久。非白人族群的比例在英國社會中長期占有經濟上一定的勢力，英國人講究權宜，即使是政客也不強求種族融合，但是口口聲聲都強調彼此的「互容共居」。

英國至今還在商討有無創制身分證的必要，該國也沒有戶籍登記制度，所以一些人口管理的配套措施就很重要，像是每10年一次的人口普查或是國家保險號碼（National Insurance number簡稱NINO，在英國出生、有居留權或工作者均有的政府稅收編號）。根據最近一次2001年的普查數據顯示，全國約有6千萬人口，英格蘭以近5千萬佔最多數，其次是蘇格蘭的5百多萬、威爾斯約3百萬，北愛爾蘭則以不到2百萬人口墊底。

倫敦成為「外人的天下」

全體英國人口中，有92%的比例是白人，外來種族最大宗是佔比例1.8%的印度裔，其次是佔1.3%的巴基斯坦裔，混血族約有1.2%，加勒比海裔黑人約佔1%，非洲黑人裔達0.8%，孟加拉裔佔有0.5%，中國

後裔有0.4%，除此之外的其他族群又佔了約0.4%。這裡要注意的是，英國人口中所稱的亞洲裔是指印度、巴基斯坦等後裔，不把中國後裔包含在內。後者他們喜歡直稱是中國裔，以此做區分。整個非白人的外來族群約佔了英國全人口的8%，對外招兵買馬的比例還持續增加。

少數民族裔（ethnic minority）絕大多數居住在英格蘭，在此他們佔了9%的人口比例；威爾斯與蘇格蘭的這類外族只佔2%，北愛甚至低到1%以下而已。而為了工作機會與經濟因素，居然有高達45%的外裔居住在大倫敦地區，佔了英國首都足足約1/3的人口。難怪英國人要說在倫敦看不到英國人，這些外來族群加上遊客，的確讓英國首都成了「外人的天下」。

北英格蘭愛撒嬌的貓

英國是一個愛護動物的社群，也相當自豪於自己當得成animal lover。於是在英國的街頭巷尾，尤其是遠離市中心的偏遠點住宅區，經常可看見一個非常有趣的現象：路上的貓一點都不閃人，還看到人就喵喵不斷地過來撒嬌，上下左右讓你摸個夠，還可能肚子在上四腳朝天，耍嬌可愛到實在令人好笑。我家的德國動物專家說，這顯示出英國貓沒被虐待過，很信任人類哪！

> 太多的因素無法讓異族融合，於是退讓一步至少容忍，和平共處求生存。連英國內政部都有「建立一個安全、公平與容忍的社會」當種族共容的口號。

以民族容忍取代融合

在這些人種的混居下，英國不是沒有種族衝突，尤其在勞工階級多的地區，當地藍領階級不喜歡外來人搶工作，積怨也不少。但是英國教育以及整體政策都精確地要求種族之間彼此尊重與容忍（tolerate），並不強求融合（integrate）。也就是平常大家各過自己的生活，各有自己的節慶與習俗，包括飲食居住與穿著，井水絕對不犯河水。必要應邀出場表現五族共和，或是因為生意上的需要以及其他的利害關係時，才會發生被迫性的互動。

在這一點上不能不為英國人務實的態度喝采，因為基於歷史仇恨或感情上的困難，確實是有太多的因素不可能讓異族融合，於是退讓一步至少容忍，和平共處求生存。連英國內政部（Home Office）移民局的官方信件上都印有「建立一個安全、公平與容忍的社會」當信標口號，種族共容的政策再清楚不過了。

英國近期移民的趨勢顯示，勞工市場裡的高級技術人員嚴重外流，低技術移民卻太過量進口。以英國政府所公布的官方統計資料來看，2000年到2005年間共計有超過27萬名的英國民眾移民海外，同期間卻有約64萬名非英國人移入英國。在歐盟東擴開放東歐市場後，更有近70萬名來自前東歐共產國家的勞工，在過去兩年內大舉入侵英國，這些人幾乎全都從事低技術的勞力型工作。

英國內政部已經表示正在研擬一項新的移民政策，以調整這種失衡現象。未來將加強高級技術人員的移民吸收，減低勞力型人口的輸入。不管英國政府是否經常變通移民規則，英國就是一個充滿各式種族的移民社會。他們在歷史演變中如何互容共居，很值得類似狀況的台灣借鏡。

① 英國內政部的官方信件上都印有「建立一個安全、公平與容忍的社會」當信標口號。

②、③ 英國不是沒有種族衝突，但是教育界以及整體政策都精確地要求種族之間彼此尊重與容忍。

很重社交的英國人

英國人是一個很重視社交的社群，即使在婚後，也很少人會因此放棄同性友伴。不少伴侶還鼓勵自己的另一半走出去多交際，認為這是一種健康與大方的正常表現。於是英國男女各有結社，週末一到就成群外出飲酒找樂，大訴一週來的苦衷。英北的週末狂歡在生活中尤其扮演著重要角色，這也是當地居民每週「鬆懈自己」的習慣場面。通常週五下午辦公室就找不到人，各個早回家梳洗化妝了，4、5點開始就先跟「弟兄們」碰頭喝第一輪；女人則以嘉年華會式的盛裝出門，召集「姊妹們」開始一家家酒吧輪著喝。接下來還可能男女交叉碰頭，這裡喝喝那裡聊聊。北英格蘭女人很主動，只要你具魅力有看頭，女人就會捧著酒杯過來搭訕問候。

PART SIX

Entertainment

學　英　國　人　樂

學蘇格蘭
年節習俗講究
「第一步」

我問英格蘭人,他們的年節習俗是什麼?結果,我的英國朋友要我去問蘇格蘭人。經過一番調查後,我發現威爾斯人也有自己的好玩年俗,看來英格蘭人在這一點上「挺讓步」,尤其是讓給蘇格蘭大年初一的「第一步」(First Footing)。

蘇格蘭話裡的新年稱為「霍格莫內」(Hogmanay),這是每年固定在西曆除夕舉行到隔天初一的年度慶典。也就是除了火光迎新之外,蘇格蘭人的名堂很重視「跨年第一步」,而這「第一步」的習俗,也南跨傳至英格蘭,讓許多即使不是蘇格蘭裔的英格蘭家庭也很在意這年節的開場之禮,希望新年的第一步「走得好」,讓這一家來年昌榮好運到。

新年必備:又高又黑的 新年福神

蘇格蘭人這開年的第一步不是自己走,而是在跨年之際「第一個走入家門的人」才是關鍵。傳統上希望這個走入的傢伙「高、黑、帥又陌生」,在門前出現時手上還該拿有一塊黑炭,甜食或是銅板,象徵著來年有火溫暖、甜胃度好日以及財

①～④ 蘇格蘭新年「霍格莫內」除了火光迎新、大餐上桌、街頭舞動之外，「跨年第一步」走得好更是來年昌榮好運到的重要儀式。

源廣進。另一說是該拿著原木炭、麵包以及威士忌，象徵溫熱好食、有酒有財。也有說法是要帶著碳與鹽巴，鹽巴代表的是好味道。總而言之這項習俗發展到各地區後，進門要帶的東西多少有了出入。但是祈福求財的目的都是一致的。

當然，這年頭要等跨年時「剛好」有這樣一位陌生人出現在門口可太不容易，英國朋友通常就「自己訂作一個」。我們在住進英國的第一個年底，就在雪花紛飛的大年夜這樣被逐出家門，一頭霧水地被塞著「上述禮物」站到門前等凌晨。然後時間一到終於大門開，跨年入門的我們要直接將這些東西交到屋主手上，之後來客互相祝福新年到後，開香檳迎新。屋主要記得端上食物或威士忌，讓凍僵的來客飽餐豪飲一番。據說威士忌也可以用傳統的蘇格蘭黑特派酒（**Het Pint**，由麥酒、肉豆蔻與威士忌調製而成）來取代，就看主人怎麼打點酒菜了。

哪來的「霍格莫內」？

「霍格莫內」的典故為何？有猜是蓋爾語（Gaelic）中的「新早晨」（oge maidne）；有說是安格魯薩克遜語（Anglo-Saxon）中的「聖月」（Haleg Monath）；也有人認為是法國諾曼人從老法語中源出的「新年禮物」（anguillanneuf）或是佛蘭米斯語（Flemish）中的「高、大」（hoog）之意，眾說紛紜，任君挑選。而蘇格蘭「新年」霍格莫內的起源，該是早期異教徒在深冬對太陽與火神的祭祀，基督徒原先並不採納，但在演進後變成羅馬人冬天的農神節（Saturnalia）大慶典。在耶誕慶典逐漸取代農神節盛行後，農神節還一度地下化。直到17世紀末，霍格莫內才又抬頭，這一抬被賦予了「新」意義，還把規模擴大到摩登的新世紀，綿延下去。1992年愛丁堡主辦歐洲聯盟跨國會議開始，甚至將此慶典推動成國際化主題。

❶～❹ 在柏恩斯之夜吃哈吉士有開場的蘇格蘭風琴儀式以及吟詩助興，之後是全場群跳蘇格蘭方塊舞，現場生動活潑。

被搶怕了的蘇格蘭人

我好奇追問：為什麼老蘇格蘭人跨年希望見到的是一個「黑帥的陌生人」？英國朋友認為可能來自於過去一直以來對維京人的恐懼。這些北海老海盜全都是金髮白膚的強壯陌生人，在4到12世紀之間跨海來掠奪，見到財產或女人就搶。所以這種「白強盜」的印象在蘇格蘭居民心中被痛恨已久，誰還想在新年看到呢？來點黑壯的反而才是好運呢！

其實被主人挑來當「來年第一步跨入者」的人，除了大吃大喝外，據說傳統上還有「特權可享」，那就是要求屋內在場的每位女士獻上特別香吻。可惜我們知道得太晚了，如果有一天你到英國作客還被挑上跨第一步的榮耀時，完成後可以稍微提醒一下這項「禮遇」，當然，也要看一下在場女士，嗯，值不值得親……。

霍格莫內的蘇格蘭新年也要「有火助慶」，點火把或燃爆竹都可以，火光的意義是讓今年存積的知識延續到明年，「把

蘇格蘭哈吉士加柏恩斯慶典

蘇格蘭有一道家常名菜哈吉士（haggis），其實就是羊香腸，裡頭是羊內臟的總和，到當地一定要嚐嚐。傳統作法是將羊的空胃塞入燕麥、香料、洋蔥、動物油（suet）、牛肉、羊肝心肺腎等，封起來下水煮。吃起來口味可腥得很。在1月25日紀念蘇格蘭最著名作家的柏恩斯之夜（Burns Night）吃哈吉士，還有蘇格蘭風琴儀式以及吟詩，之後是在主持人的帶領下全場群跳蘇格蘭方塊舞，場面有趣又特別。值得一提的，正統蘇格蘭男士的方格裙子裡是不穿內褲的喔！一次在街上盯著一位穿蘇格蘭男裙的帥哥瞧，他大概被瞧得很得意，故意把後頭裙子往上一撩，哇，真的是什麼都沒有的光屁股呢，贊！

搶劫英國的北海老海盜全都是金髮白膚的
強壯陌生人，在蘇格蘭居民心中被痛恨已
久。新年當然要來點黑壯的訪客，反而才
是好運呢！

黑暗的所有留在過去，光鮮明亮地跨入未
知的新時節」。也有人說是意喻著獻火給
神明，有著因此點燃充滿希望的光明前景
之意。

　我的威爾斯朋友告訴我們，其實威爾斯
也有自己的一套跨年習俗，那就是凌晨一

敲鐘就開後門讓舊年過，再趕快關起後門
來「抓住福氣」，然後在最後一聲鐘響結
束前快開前門，讓「新」年的氣息入門來
舉家「迎新」。總而言之賀年無國界，這
時候的你不管來自何方，都歡迎你一同慶
祝，就是圖個歡樂共享招喜迎新。

學英國電視製作優良節目

英國電視值得觀看的最大好處,在於有不少的好節目。不只是練英文,也看文化、知習俗、學自然,跟台灣的電視節目比起來,優質又多樣化,非常值得台灣電視節目製作人以及觀眾學習。

英國電視費一繳就是一年,可看5台;但若是加繳有線或是買個數位盒(digital box)來接,那節目台數就可以上跳到30台以上,選擇多花樣多。英國國家廣播公司BBC尤其喜歡重金製作好節目,從野外求生、與鯨共潛、恐龍重生、重建古堡、花園重設、古董鑑定、二手轉拍、古蹟探索、野地烹飪、稀有動物生態、住居年度評鑑、如何改屋、自建新屋、海外置產、裝潢品味、益智節目、皇室考古、名小說改編戲劇、弊案揭發、社會問題探索、科學實證、甚至屍體解剖……等應有盡有。裡頭可以見到英國人選片的品味,以及對製作節目的用心。

呼應人性的電視節目

近年來尤其響應政府國策要求的減肥政策,出現了許多真人減肥秀。節目之一是

追蹤英國最胖的青少年一段時間，真實錄影在那樣的體態下如何生活與進食，然後開始接受治療，改進飲食習慣與從事運動之外，有些情況實在太嚴重的還會被醫生建議「割胃保命」。節目中會真實播出割掉一半的胃有多大，從此胖小子的人生與體態如何改變；或是胖家庭一家的飲食習慣有多糟，飲食醫生如何光臨寒舍實地觀察並給予建議。

換妻秀也很受歡迎。電視上挑選的換妻家庭不牽涉「性」，卻故意挑選生活信仰或個性極端的配偶互換，那相處的磨擦與衝擊就可以預期。問題是有人就是可以從中領會教訓，啓發新生活意識；有人卻完全捍衛自有的舊體系，換妻之後只是讓自己更懷念原來的伴侶。無論如何都是人性，人類的掙扎在環境變換下可能激起的極限與反映，最是英國製作人喜歡探討的議題。

偵探系列劇作更是精采，從現代橫跨中古代，警探被自己私生活或個性困擾的、拘謹一絲不苟的、脫線愛耍英雄的……每一季都有新劇推出，讓嗜愛偵探謀殺的英國人既能品古又可嚐新。另外別小看肥皂劇，雖然劇情多是恩怨情仇循環不斷，但是藉此可以了解英國勞工階級的生活，還有他們慣常使用的地方口語，聽得懂算你行。搞笑劇可說是一流到沒話說，英國製作群有心栽培喜劇人才的用意很明顯，每一季都有實驗新劇或新人出場，以不同型態惹人發笑，笑得久受歡迎的就發跡大紅。這樣捧出來的喜劇新人可不少，還代代都有接班人來娛樂觀眾。

古蹟研究劇尤其棒，一堆破東西怎麼沿革而來，如何保存至今，從北方的羅馬長城到家族古董鑑定，連院子裡不小心挖出的古蹟殘骸都會仔細講解給你看。英國人雖然喜新但也念舊，有文化的民族都念舊，這是一個很大的區別與不同。

❶～❹ 英國電視劇從歌唱比賽、古蹟探索、生態保護到益智猜謎都播，選樣多也精質。
❺～❼ 英國電視製作用心，看文化、知智俗、學自然優質又多樣化。

不只娛樂，更教育益智

兒童節目也很好，區分各種年齡層，還有專屬頻道。唱歌跳舞之外，很多知識藉此傳播、也教孩子動腦動手一步步作勞作，這些用心有時候比父母還仔細，精心挑選都值得讓孩子休閒時學習。烹飪節目我最愛，不同形式的每天每季輪番推演上場，看了就很有興趣去煮一頓好飯、下廚大顯身手一番。

益智節目也很多。這種節目要做得下去，不但要有人參加，也要有觀眾持續觀賞。從猜字、猜謎到猜題，測試你的普通常識、用語詞彙甚至數學能力，如果全民沒有一定的「益智人口」，兩天就撤台了。我在英國的益智節目中學會不少英文，那絕對不是我在台灣教科書上學得到的，想要快速進入異國文化，這會是一個很好的開始。

英格蘭七大罪狀電視赤裸揭曉

英國人很能探討自家的社會問題，不管能否扭轉乾坤，讓民眾知道也是電視的良心之一。第四頻道在2007年就製作播出一個「英格蘭七大罪狀」（The 7 sins of England）的節目，犀利點出英國最大社群的生活難堪，讓人們看看英格蘭人的超大惡習，還分析這些自古以來就有的「傳統」，非一日造成之孽。這七大罪狀分別是酗酒無度（binge-drinking）、流氓行徑（hooliganism）、過度消費（consumerism）、粗野無禮（rudeness）、蕩婦盛行（slaggishness）、暴力破壞（violence）、以及偏執盲從（bigotry）。

派對城
不夜
英人最愛

英國人非常喜歡派對，那代表著有人想到你，請你免費吃喝又歡樂的一種群聚。不只是學生才瘋派對，這是流在血液中的一種喜好，只要抓個名目有人願意請，那被請來的人就會狂歡到底。派對開多了的英國人，最後居然也創造出世界聞名的派對不夜城，而我呢，就正住在這個城市裡。

一直以來，我住在歐陸的城市印象不是文化氣濃就是嫻雅幽靜，從來不知道「派對」可以對生活造成怎樣的衝擊，進而還成為一種城市標誌。住進北英格蘭泰茵河畔的新堡（Newcastle upon Tyne）之後，「超級派對」以及「辣哥辣妹」四季狂野，這是個被大西洋兩岸旅遊業者封之為「歐洲派對首府」的派對之都，隔洲越洋都有人奔個千里來親臨實境。而很多學生申請到這裡來讀大學，聽說原因之一正是要住進「派對城市」（Party City）裡，在大學時間盡情享受派對樂趣！

週末派對不散場

週末的派對城絕對是「上街就養眼」，趕不完場的夜生活，穿得稀少的北英女性，都是這個城市的景觀之一。在新堡的大街小巷裡，300多家的酒吧與夜間俱樂部

①～③ 英國人熱愛派對，那代表著有人想到你，請你免費吃喝又歡樂的一種群聚。

轟立，平日生活還可以，每到週末就會湧入大批衣著特殊的派對男女進入市中心，慶生、約友、訴苦或找樂子隨便一個藉口都行，酒吧趕場之後是舞廳，老是有喝到不省人事的男女馬路上就地一坐，甚至還撞得鮮血直流或是扭傷腳踝，口齒不清地問著你：「我家在哪裡？」

別小看新堡的這種「城市風光」，它因此被票選為歐洲第二大社交生活之都。派對城市裡充滿著北英格蘭「激動的生命力」。而本來北喬地（Geordie）人民的氣質就驃悍，吵起架來更是潑辣難當。女人吃醋對打在這裡可平常，我看過所有以新堡為背景的電影片，一定都少不了當地女人的互毆幹架。不對幹的酒後高溫也很有得看，喬地人實在不畏風寒，攝氏2、3度有人可以只圍肚兜上身，裡面什麼都沒有，外頭也什麼都不加，高跟鞋一蹬就出門。不冷嗎？她們會說啤酒一喝就熱啦，穿外套醉了還不是忘，就省啦！

英國租屋就怕與學生為鄰

在英國找房子時，老聽到朋友告誡我們：「別選住學生區、小心學生是鄰居。」我們在德國租房子從來沒聽過這種勸告，而自己就是當學生起家的，對這種說法很不解。一問之下被英國人大眼瞪小眼：「派對呀！學生不做正經事老愛開派對，通宵鬧酒跟震耳音樂，你受得了嗎？」

原來，學生派對在英國是如此驚人的「恐怖」。而我們搬了幾手的左鄰自從住進一批學生後，終於讓我們開始了解英國朋友的好心。從此週末的日子真的陷入了不夜狂歡的「派對地獄」！而這裡指的通常是英國學生，外國學生可乖得很。

> 週末之後的派對城市變成了一個可怕的垃圾城。滿街的碎酒瓶、嘔吐、小便與不小心就會踩到的保險套，讓人很難相信，這是一個歐洲的城市⋯⋯。

被酒精與派對淹沒的城市

德國學生克爾絲蒂目睹說，她帶新朋友上酒吧，結果酒後興奮的喬地女郎跳上桌，就著音樂開始表演脫衣舞，30多歲的母親帶17歲的女兒，桌上一人跳一邊喔！挪威來的留學生柯理斯也說，他來到這個城市的第一天是週末，滿眼一街的派對女郎穿得像化裝舞會，他還以為這個城市的色情行業很興隆，週末大夥都還勤奮地工作哩⋯⋯。

派對城市裡最忙的就是警察，每家俱樂部也都有警衛加駐，門口管控長龍還要挑順眼的顧客才准進入；醫院、計程車更是生意興隆。而週末之後的派對城市搖身一變，就變成了一個可怕的垃圾城。滿街的碎酒瓶、嘔吐、小便與不小心就會踩到的保險套，讓人很難相信，這會是一個歐洲之城。

新堡的派對場所不只是酒吧，要水上、船上也不怕找不到地方。「杜克瑟豆」大船就停在泰茵河橋下，這是一艘早就停航，卻專供夜間派對的好地方。在派對城市問路也是有特色的，我試了無數次，新堡居民通常會很誠實地告訴你：不知道在哪裡，但問路的絕技就是要你以酒館為地標，進去點杯酒套個交情，正確之路就在酒精與嘴巴裡⋯⋯。

英國Off License買酒須知

派對不能沒酒，尤其對英國人來說。英國賣酒執照有分類，除了超商、酒館，路上還看得到一種掛有「Off License」的店家。一看會想到底是有執照還是沒執照，賣啥呢？仔細盤問後才發現是兼著賣酒的啦，但是只能賣，不能在店家裡喝，這是所以「off」的意思，要喝要到外頭才能開瓶。還有一些小餐館沒有賣酒執照，為了拉攏客人會准許客人自己帶酒來喝，但是必須在裡頭點餐。各家規矩不同，問了就知道結果。總而言之，英國無酒不成歡，要鬧一定要有酒相伴。

①～⑤ 英國派對城的週末
　　 絕對是上街就養
　　 眼，只是要小心別
　　 看到扭傷眼。

⑥ 英國無酒不成歡，「Off
　 License」的店家也賣得
　 到酒，派對要鬧一定要
　 有酒相伴。

⑦ 新堡「杜克瑟豆」大船
　 就停在泰茵河橋下，專
　 供夜間派對狂歡使用。

學英國城堡賣鬼求榮有一套

要到英國尋「堡」，「鬼」話連篇總是少不了。而英國人也確實愛鬼，談起城堡的「賣鬼求榮」，實在是很有一套。每個名勝景點少不了要弄幾個鬼故事，才能引起大家的注意。

❶～❸ 愛鬼成性的英國人不必等到萬聖節，辦派對、上古堡或是付費的鬼遊樂園，到處碰到得到鬼。

不必等到萬聖節，愛鬼成性的英國人上古堡就愛找鬼。不知道是否跟一向陰灰的天候，冷鋒老是侵襲有關係，只要暗影中覺得一點風吹草動，最好是瞧不清、卻又模模糊糊地隨行……我沒見過有哪個國家比這裡更愛說鬼跡，把鬼捧到直接用來賺鈔票，古堡尤其需要「有鬼拉人潮」！

有鬧鬼才能稱得上古堡

我在英國跑過的古堡不少，不小心仔細把簡介拿出來比較一瞧，好像還沒有哪家敢說自己沒鬼的。像是屹立在英格蘭東北岸的邦布洛城堡（Bamburgh），雖有人居住又人潮洶湧，「見鬼」的傳聞還是不絕於耳。有遊客說看到過一個年輕女子抱著嬰孩，出現在北鐘樓的小暗門邊，這女人步伐蹣跚邊下樓梯邊啼哭，一不小心就跌下了狹窄的樓梯口，這時候上頭還傳來毫

不同情的大笑聲。

　　看到這景象的遊客趨前要去幫忙落梯的女子，卻什麼都找不到。經查後就流傳出「墜梯女鬼」的消息，據說就是一個村中少女的真人真事：那是傳說中的窮珍妮，她的父母要她去古堡裡乞食，她在古堡裡被警衛欺負後趕了出來，飢餓虛弱地與懷中的嬰兒一起墜梯而死。據說她當時身上穿著一件綠披風，所以「綠珍妮」的幽魂就開始在古堡中陰魂不散。

　　旅客如果聽到在沒人的房間中有家具被搬動的聲音、覺得風中有東西，或是不明不白被什麼觸碰著，村民馬上就會推給這位倒楣的姑娘。但是如邦布洛這般大規模的古堡，如果只有一個女鬼，那「場面」可就太小了，為了顯示自己的「鬼身價」，終於又有遊客說看到過一名「中世紀的騎士在城牆上巡邏」。只不過騎士在英國古歷史上實在是太多了，這名鬼騎士因此到現在還很難確名正身。

英國找鬼樂趣多

英國「人鬼雜處」的事跡可真多，人們不但津津樂道也由衷相信，外國人跟他們一樣愛鬼愛到骨子裡。只要你有機會到英國開會或參加慶典，晚上來場「尋鬼之旅」可是被英國人當成熱門的宴客盛事之一。有些名鬼城像是約克或是愛丁堡，要來趟「鬼之旅」還要先預約呢！而以找鬼為業的英國人更是大有人在，像是自稱為麥納得的一位仁兄，就專門進出一些有名的鬼地方，用「與生俱來的敏銳度與自製器具」，找鬼為業來募款給慈善機構。找鬼的「道具」有哪些呢？融古匯今的占卜杖、雷射溫度計、感應器、錄音機與夜間相機等似乎都可以，只要鬼願意讓你捉就行。而電視上的鬼節目也輪番上陣，即使有人抗議劇情，製作單位都還是深信：就是有人看才會有人抗議！

> 只要你有機會到英國開會或參加慶典，晚上來場「尋鬼之旅」可是被英國人當成熱門的宴客盛事之一。

陰魂不散的歷史人物

我去過數次的當史坦堡（Dunstanburgh）當然也有鬼，不然這座既無屋頂又無人居的古堡，除了羊群還能有什麼呢？當史坦堡裡頭晃蕩的鬼明星，就是蓋起這座古堡的托馬斯伯爵。話說托馬斯伯爵蓋起當史坦堡後，因為與國王叔叔愛德華二世嫌隙日深，1322年就以叛亂罪被處了死刑。傳說中的死刑執行者卻當天手氣不佳，掄砍到第11刀才終於砍下了托馬斯的頭。從此之後伯爵鬼就四處流傳著，模樣極像哈利波特故事中晃盪在霍格華茲校區內的透明鬼爵士，有人見到他手上抱著那被亂刀砍下的頭顱，在自己的古堡中漫步，臉上的表情仍然是痛楚與驚悸，與他死刑前嚥下最後一口氣的模樣相同。

而當史坦堡裡頭的鬼伯爵也不是沒伴的，據說英王亨利六世的法國老婆瑪格麗特，她的鬼魂也被瞧見在此廢墟中晃蕩。另外還有一名鬼騎士稱作蓋爵士的，據說也「長期駐紮」。

話說這位鬼兄弟本來是在一個颶風中被派到古堡附近站衛的，他休息時被盯上，男巫告訴他城堡中有位美女需要解救，蓋爵士於是不疑有他地跟巫師來到了城堡大廳。巫師要他在一把劍與一個獸角之間作選擇，選擇之後，在救出美女前都不能鬆手。蓋爵士選擇了獸角，就在他對著獸角用力一吹後，突然出現一百名白色騎士向他圍攻，沒見過魔界世面的爵士開始狂奔，逃出了城堡卻也鬆開了手……從此這位仁兄就加入當史坦堡的「鬼陣容」。據說還有英國人半夜裡聽到他嘶吼說：「美女啊，你到底在哪裡？」

相信我，隨便一座城堡，「鬼話」就不少。這是英國人的娛樂，也是他們茶餘飯後熱衷的生活嗜好。

①～④ 不管是鬼氣古堡、萬聖節鬼帳棚還是常設的鬼牢,關於愛鬼找怪見人受刑被虐待,英國人不但願意花鈔票排長隊買票去看,自己下場演出也逼真得很。

學英國人愛當007

有人流傳著這樣一個英國笑話，說在英國有哪三樣東西不能信任？答案是天氣、食物與女人。這個笑話卻開啟我瞭解英國人性格的另一扇窗，那就是人與人之間普遍存在的一種不信任。從不信任為基礎造就出來的，就是一種打探性格。

相對於我相處許久的德國人來說，英國人際間的信任基礎是薄弱的。表面上通常一套，私底下則會另行一套。小團體與祕密盛行，在薄弱的信任基礎上彼此打探、交換小道訊息，然後自以為獲得了更多不為人知的訊息而得意。這樣的民族性適合什麼呢？當偵探自然再適合不過。難怪英

❶～❸ 倫敦福爾摩斯的足跡到處矗立，從博物館到偵探書店都不缺。

國人超喜歡偵探小說，更愛研究謀殺案，像是鄰居花園裡挖找出屍體、找不到水怪還是一口咬定，民間的偵緝力可不容小覷。

大家一起「分享」祕密

我住在英國越久，越相信英國人對「祕密」的定義與眾不同。英國朋友只要談到祕密就神祕兮兮，但卻又實在非常喜歡「分享」祕密，也用祕密來證明你在他的小團體裡，算是知己族群，只是說完後得加上一個鎖住嘴巴或是食指壓唇的姿勢而已。於是祕密在這個國家成為一種人們主觀上知道不該說、卻還是忍不住分享，情緒上更為興奮神祕，結果傳播起來更為快速的一種「民間興趣」；只要別在當事人眼前提起就可以。

所以原則上，你要是有消息要散佈，冠上「祕密」這個稱號，偷偷告訴一個英國

人，保證你「途徑正確」，不久就可以達到廣為宣傳的目的。在這種愛打屁又喜探聽的社交習性下，要團結當然很不容易。

這種嗜好擴展到文學與媒體，卻造就了無數偵探迷與偵探影集。像是英國已經拍過無數次的福爾摩斯（Sherlock Holmes）影集、克莉絲蒂（Agatha Christie）寫出的名探長普羅（Poirot），就在電視劇裡重拍又重播，英國人看幾遍都不嫌棄，還誰要演到就出名。

①～④ 街頭刑案、老屋地窖、後窗偷視、暗街小道、甚至隨處窺探，所有生活背景都挺適合英國人發展愛打探的007個性。

紅過百年的推理明星

　　而福爾摩斯的號召力之強，甚至成為了一種英國人的「偵探意識」與地標，這只要走一趟倫敦就知道。即使倫敦已經不再大霧瀰漫或踢踏著四輪馬車，這位戴著高帽口含煙斗的紳士，依然在好些個明顯可見的地點矗立。他的影像在19世紀末就是虛構，結果突破時光與國境到了21世紀，仍然歷久彌新。有人上倫敦不是找女皇或追憶戴妃，而是要追循福爾摩斯的腳步，走一走神探的足跡。

　　首先，書裡頭神探的家就要去瞻仰一番。而到倫敦貝克街的221號B（221B Baker Street）那裡一看，就可以看出福爾摩斯對倫敦的「都市影響力」。這個住址真的與書中所述完全符合。問題在神探是虛構的，住宅自然也不會是真的，更何況在作者創作福爾摩斯的19世紀末，倫敦這條街的門牌只到80多號，福爾摩斯的作

> 福爾摩斯的影像到了21世紀
> 仍然歷久彌新。有人上倫敦
> 不是找女皇或追憶戴妃,而
> 是要追循福爾摩斯的腳步,
> 走一走神探的足跡。

者道爾就是因為虛構才一下子爆給了221號B,好讓人找不到。沒想到福爾摩斯海內外魅力無窮,1936年倫敦城市擴建時就決定要「讓人找到它」,書中的門號不但出現了還被保留下來,當成真人世界中的福爾摩斯紀念館。這可連英國皇太后都親自跑來看過的喔。

英國人裝假成真可很有功力,更何況是借用偵探實力讓「從無到有」大翻身。而本來沒有也沒關係,只要公眾愛戴,到最後國家都會「變出實像」給你看。英國人自己堅信福爾摩斯是首度將「科學辦案」帶入刑事偵查的神探,這種「CSI的老祖宗」形象更增添了破案的可信度與公正度。更何況福爾摩斯本身還鍥而不捨又精益求精。可信、公正、堅持與精確,正是英國習性中所缺乏的,難怪一般民眾將福爾摩斯當成包青天一般地愛戴,補足的正是心理缺憾。

◎倫敦福爾摩斯博物館:
http://www.sherlock-holmes.co.uk/

④

學英國人
海上玩船
尋開心

英國跟台灣一樣，四面環海。這個國家與歐陸之間除了海底隧道可供「陸行」之外，要跨海探訪歐陸，不是飛空就是走海，沒有其他選擇。海運因此在這個國家依然暢通，英國人休閒到海上度個假其實很普通。

英國的河川不管美不美觀，環河船遊總是在。除了河遊之外也岸遊，跨越英吉利海峽或北海到歐陸，要去丹麥、瑞典、挪威、荷蘭、德國、法國都有船線可以搭。這是有別於飛航空間狹窄、陸行老踩油門的不同，一種更休閒、更放鬆、更晃蕩的玩法，而喝多醉都沒關係，回去船艙一倒就睡，海浪搖呀搖地自然會把你帶去目的地。

歐陸海運全都通

我們由英北回德國看公婆，經常採取的就是海運路線。那也是歐陸與英倫之間最受歡迎的北海航線，從英北新堡（Newcastle upon Tyne）晚間啟航，睡一晚就到荷蘭阿姆斯特丹的Ijmuiden港，開車南下德國一點也不困難。主要是選擇海線還可以帶車跑，兩人一車加起來比飛

機票還便宜。這樣來來往往，我們已經聯手創下了北海十渡的豐富經驗。

通常就是傍晚上船吃個晚餐，到甲板上吹吹風看一下風景，如果天氣允許。啟航入海後下到船艙酒吧小飲一番看個表演，如果船浪不會大到讓你暈船。然後就是回到艙房倒頭大睡，如果你的英國左鄰右舍不會鬧酒大瘋搞得你睡不著。第二天清晨一大早，船長就會用擴音器起床號叫醒大家，整理一下上去餐廳買個咖啡吃過早餐，看看清晨的風浪，目的地就這樣晃到啦！

上到歐陸之後，帶著車要怎麼跑都行，荷蘭、比利時、德、法、盧森堡、波蘭任你行。就算沒開車，跳上火車也都到得了，要南下義大利羅馬、希臘雅典也都OK沒問題。北海船隻在傳統海運公司的分配下，航權劃得可清楚，旅遊市場因此一分數家，要去哪裡都有特定的船隻可搭。船

隻大小看航線，我們一開始搭的王子號年老退休後，航進一艘新的「斯勘地納維亞公爵號」（DUKE OF SCANDINAVIA），公爵不若王子大，王子比不上女王大，這在船身大小也是排階級的。

英國港市風光特別好

英倫島國港市多，而風光也都不錯。像是我住的港市新堡，搭個捷運30分鐘就到海邊，港市該有的小離島燈塔（St Mary Island）、探海長堤、沙灘海水浴都風光獨具。靠北海東岸的史高布洛（Scarborough）港市也很美麗，帆船、海船、漁船靠港，不管是風雨中的飄逸或是陽光下的閃爍，走一趟英國港市都不會讓眼睛失望的。

郵輪之旅愜意又過癮

像是斯勘地納維亞公爵號就長約153公尺、寬約25公尺，共有艙房1120間，同時可以搭載470輛汽車，根本就是帶著四、五間大旅館在海上跑。而說到我們也搭過數次的「斯勘地納維亞女王號」（QUEEN OF SCANDINAVIA），這可就身長166公尺、寬約29公尺，艙房數高達1760間，還可以連帶吃下305輛汽車隨航搭乘。這就是北海上最大的航行郵輪，氣派非凡呀！

搭船旅遊最好玩的就是旅遊空間感的不同。甲板上可以奔跑，上到高層可以遠眺，沿岸的燈塔、城堡、港市、遊輪、商船與工廠，風情就是跟搭飛機完全不一樣。船長室如果是用玻璃隔間，旅客還可以看到導航系統與船員正在駕駛行進方向。船艙裡有電影院、舞廳、酒吧、玩牌室、賭場、柏青哥、兒童遊樂室、歌舞俱樂部、卡拉OK、免稅商店之外，還有好幾家不同款的咖啡廳與餐廳，讓人在船上飄絕對不會嫌無聊。

歌舞俱樂部每晚都開秀場，從演唱、賓果遊戲到舞團水準都不錯。當乘客的我們只要點個飲料就可以坐下來欣賞。一杯雞尾酒近約台幣400元，歐元、英鎊都可以，要兌幣也沒問題，船艙服務處就有兌換處。如果船顛得厲害人暈船，服務處還有免費暈船藥提供，別客氣儘管去要。

船行不飛天遁地，卻提供你一種敖遊天際、海光抱懷的絕佳享受。如果你厭煩了大城市宵擾的生活，這會是一個暫時逃開的好選擇。英國人前進歐陸，也許去阿姆斯特丹過個週末，或是上巴黎浪漫一週遊，來回之間會有不少人選擇這樣的享受。

◎推薦網站

http://www.dfdsseaways.co.uk/dsw/en

北海跨國航線的簡介、艙房、價位與網上訂位，可以參考以上英文網站。

①～④ 海上船遊地方寬敞又風景絕
佳，從裡到外都有得看，不
管是北海女王號、王子號到
公爵號，我們都有很棒的航
行經驗！

⑤～⑦ 海遊的好處在近岸時可以飽
覽歐洲沿岸的風光，從阿
姆斯特丹到英國北海岸，港
市、燈塔一覽無疑。

世界主題之旅

厭倦一成不變的旅遊方式？

除了走馬看花的景點導覽，想更深度認識、了解這個世界？

這個系列為你擷取旅行精華，企劃出一系列好用、有趣的閱讀導覽，

不管是要實用有趣的專題資訊，還是想要臥遊馳騁全世界，

都能讓你獲得大大滿足！

不可不知的世界主題玩法

想要一口氣玩遍全世界？就從全世界的吃喝玩樂開始吧！鎖定精采主題的全世界遊樂方式，廣度、深度一次齊全！

精采城市 重口味遊樂享受

誰說一個城市去一次就玩夠？每各城市都有其挖掘不完的迷人之處，才能成為經典。不管是單單探究人文地理、或是專攻娛樂享受，這裡全都包！

旅遊文學 閱讀主義

想要出發旅行卻遲遲不能成行？先享受別人的私密經驗分享過過癮吧！

旅行與學習 的同步樂趣

就算同一個地點旅行三次，也無法了解當地的真實面貌。就讓長年旅居海外、甚至嫁給外國人的「太雅駐地作者群」，告訴你每個國家最不同、最有趣的生活與發明！

【個人旅行】

有行動力的旅行 · 從太雅生活館開始

02
溫哥華
NT$350

14
多倫多
（附尼加拉大瀑布）
NT$320

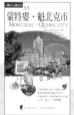

33
蒙特婁 · 魁北克
NT$320

71
加拿大
NT$550

美洲
America

01
舊金山
NT$399

05
洛杉磯
NT$380

15
拉斯維加斯
NT$390

19
波士頓
NT$299

51
華盛頓 · 費城
NT$280

67
西雅圖
NT$350

13
紐約
NT$370

80
美國西岸
重要城市
NT$350

57
紐奧良
NT$350

74
芝加哥
NT$330

43
普羅旺斯
NT$299

08
巴黎
NT$399

46
亞爾薩斯·香檳
亞丁（附勃艮第）
NT$280

75
英國
NT$570

11
倫敦
NT$350

歐 洲
Europe

21
希臘雅典·
愛情海
NT$320

27
威尼斯·佛羅倫斯
·羅馬（附米蘭）
NT$350

76
義大利：
托斯卡尼·坎佩
尼亞（附西西里島
首府·五地健行）
NT$550

50
瑞士
NT$299

81
德國：
法蘭克福·慕尼
黑·斯圖加特
NT$370

非 洲
Africa

70
奧地利·捷
克·匈牙利
NT$399

79
捷克·布拉格
NT$330

55
布達佩斯
NT$299

77
克羅埃西亞
NT$350

49
埃及
NT$280

63
摩洛哥
NT$350

52
荷蘭·比利
時·盧森堡
NT$350

66
瑞典
NT$370

48
馬德里與安
達魯西亞
NT$250

59
西班牙·葡萄牙
NT$360

45

首爾（漢城·附雪
嶽山國家公園）

NT$280

03

東京

NT$390

12

北海道

NT$350

22

福岡·北部九州

NT$320

32

日本主題樂園

NT$299

34

北海道：
自然·小鎮·街道

NT$290

35

日本關東·
東北

NT$320

36

瀨戶內海
汽船假期

NT$280

60

橫濱·箱根
·鎌倉

NT$350

64

沖繩

NT$280

73

廣島·大阪
·名古屋

NT$330

09

香港

NT$399

24

上海

NT$370

26

北京

NT$370

31

廣州·深圳
·珠海

NT$299

38

蘇州·杭州

NT$320

58

雲南

NT$390

65

九寨溝

NT$280

44

青島

NT$280

47

西安·兵馬
俑·華山

NT$250

61

絲路（甘肅段）
·敦煌

NT$280

62

新疆

NT$320

54

西藏

NT$350

68

蒙古國

NT$370

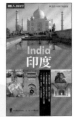

04	07	29	30	53
峇里島	新加坡	曼谷‧芭達雅	尼泊爾	印度
NT$370	NT$350	NT$350	NT$280	NT$350

亞 洲
Asia

56	37	41	69
馬來西亞	普吉島‧蘇梅島	關島‧塞班‧帛琉	清邁‧泰國北部
NT$299	NT$299	NT$280	NT$280

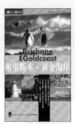

23	78	39	72
布里斯本‧黃金海岸	澳洲雪梨‧墨爾本（附大堡礁‧艾爾斯岩）	土耳其	俄羅斯
NT$299	NT$350	NT$320	NT$350

澳 洲
Australia

學 英 國 人 過 生 活

作　　　者　胡蕙寧
攝　　　影　胡蕙寧

總 編 輯　張芳玲
書系主編　張敏慧
特約編輯　王志光
美術設計　林惠群

太雅生活館出版社

TEL：(02)2880-7556　FAX：(02)2882-1026　E-MAIL：taiya@morningstar.com.tw
郵政信箱：台北市郵政53-1291號信箱
太雅網頁：taiya.morningstar.com.tw
購書網頁：www.morningstar.com.tw

發 行 所　太雅出版有限公司
　　　　　111台北市劍潭路13號2樓
　　　　　行政院新聞局局版台業字第五〇〇四號
承　　　製　知己圖書股份有限公司 台中市工業區30路1號
　　　　　TEL: (04)2358-1803
總 經 銷　知己圖書股份有限公司
　　　　　台北公司 台北市羅斯福路二段95號4樓之3
　　　　　TEL: (02)2367-2044　FAX: (02)2363-5741
　　　　　台中公司 台中市工業區30路1號
　　　　　TEL: (04)2359-5819　FAX: (04)2359-5493

郵政劃撥　15060393
戶　　　名　知己圖書股份有限公司
廣告代理　太雅廣告部
初　　　版　2007年08月01日
定　　　價　280元

（本書如有破損或缺頁，請寄回本公司發行部更換）

ISBN-13：978-986-6952-61-6
Published by TAIYA Publishing Co.,Ltd.
Printed in Taiwan

國家圖書館出版品預行編目資料

學英國人過生活／胡蕙寧文字‧攝影 ——初版
　　　　　—— 臺北市：太雅，2007.08
　　　面：　公分. ——（世界主題之旅：843）
　　ISBN 978—986—6952—61—6（平裝）
　　1. 社會生活　2. 文化　3. 旅遊　4. 英國
741.3　　　　　　　　　　　96013292

很高興您選擇了太雅生活館(出版社)的「世界主題之旅」書系，陪伴您一起快樂旅行。只要將以下資料填妥回覆，您就是「旅行生活俱樂部」的會員。

這次 買的書名是：世界主題之旅 **學英國人過生活**（Life Net 43）

1.姓名：＿＿＿＿＿＿＿＿＿＿＿＿＿＿＿＿ 別：□男 □女

2.生日：民國 ＿＿＿＿＿＿年 ＿＿＿＿＿＿月 ＿＿＿＿＿＿日

3.您的電話：＿＿＿＿＿＿＿＿＿地址：郵遞區號□□□＿＿＿＿＿＿＿＿＿

　＿＿＿＿＿＿＿＿＿＿＿＿＿＿＿＿＿＿＿＿＿＿＿＿＿

　E-mail: ＿＿＿＿＿＿＿＿＿＿＿＿＿＿＿＿＿＿＿

4.您的職業類別是：□製造業 □家庭主婦 □金融業 □傳播業 □商業 □自由業

　　　　　　　　□服務業 □教師 □軍人 □公務員 □學生 □其他 ＿＿＿＿

5. 每個月的收入：□18,000以下 □18,000~22,000 □22,000~26,000

　□26,000~30,000 □30,000~40,000 □40,000~60,000 □60,000以上

6.您從哪類的管道知道這本書的出版？□＿＿＿＿報紙的報導 □＿＿＿＿報紙的出版廣告

□＿＿＿＿雜誌 □＿＿＿＿廣播節目 □＿＿＿＿網站 □書展 □逛書店時無意中看到的

□朋友介紹 □太雅生活館的其他出版品上

7.讓您決定 買這本書的最主要理由是？

□ 面看起來很有質感 □內容清楚資料實用 □題材剛好適合 □價格可以接受

□其他＿＿＿＿＿＿＿＿＿＿＿＿＿＿＿＿＿＿

8.您會建議本書哪個部份，一定要再改進才可以更好？為什麼？

＿＿＿＿＿＿＿＿＿＿＿＿＿＿＿＿＿＿＿＿＿＿＿＿＿＿＿＿＿

9.您是否已經帶著本書一起出國旅行？使用這本書的心得是？有哪些建議？

＿＿＿＿＿＿＿＿＿＿＿＿＿＿＿＿＿＿＿＿＿＿＿＿＿＿＿＿＿

＿＿＿＿＿＿＿＿＿＿＿＿＿＿＿＿＿＿＿＿＿＿＿＿＿＿＿＿＿

10.您平常最常看什麼類型的書？□檢索導覽式的旅遊工具書 □心情筆記式旅行書

□食譜 □美食名店導覽 □美容時尚 □其他類型的生活資訊 □兩 關係及愛情

□其他 ＿＿＿＿＿＿＿＿＿＿＿＿＿＿＿＿

11.您計畫中，未來會去旅行的城市依序是？ 1.＿＿＿＿＿＿＿＿ 2.＿＿＿＿＿＿＿＿

　3.＿＿＿＿＿＿＿＿ 4.＿＿＿＿＿＿＿＿ 5.＿＿＿＿＿＿＿＿

12.您平常隔多久會去逛書店？□每星期 □每個月 □不定期隨興去

13.您固定會去哪類型的地方買書？□連鎖書店 □傳統書店 □便利超商

□其他 ＿＿＿＿＿＿＿＿＿＿＿＿

14.哪些類別、哪些形式、哪些主題的書是您一直有需要，但是一直都找不到的？

＿＿＿＿＿＿＿＿＿＿＿＿＿＿＿＿＿＿＿＿＿＿＿＿＿＿＿＿＿

＿＿＿＿＿＿＿＿＿＿＿＿＿＿＿＿＿＿＿＿＿＿＿＿＿＿＿＿＿

填表日期：＿＿＿＿＿＿年＿＿＿＿＿＿月＿＿＿＿＿＿日

太雅生活館　　編輯部收

台北郵政53-1291號信箱
電話：(02)2880-7556
傳真：**(02)2882-1026**
(若用傳真回覆，請先放大影印再傳真，謝謝！)

太雅生活館

有 行 動 力 的 旅 行 ， 從 太 雅 生 活 館 開 始